AF667439

Christoph Rosenthal

Kulturologie
Die Wissenschaft bzgl. der Software-Struktur des Menschen

Für Felix, Andreas und Bernd,
meine Computer-Experten

Zum Autor:
Christoph W. Rosenthal (Jg. 1957) hat in Wuppertal, Göttingen und Bochum Ev. Theologie und Religions-/Geschichte studiert. Er lebt seit 1981 als freier Kulturschaffender mit Jobs, Kulturar-beit, Kunst und Forschungen.
www.christoph-w-rosenthal.de

Christoph Rosenthal

Kulturologie

Die Wissenschaft bzgl. der Software-Struktur des Menschen

Rediroma-Verlag

Bibliografische Information der Deutschen Nationalbibliothek:
Die Deutsche Nationalbibliothek verzeichnet diese Publikation in der Deutschen Nationalbibliografie; detaillierte bibliografische Daten sind im Internet über http://portal.dnb.de abrufbar.

ISBN 978-3-98527-168-9

Alle Zeichnungen sind vom Autor erstellt

www.rediroma-verlag.de
9,95 Euro (D)

Aufriss

Die kulturale Anlage des Menschen besteht im *Eigentlichen* nicht darin, dass der Mensch eine gewisse Vorliebe für kulturelle Aktivitäten wie Kunst, Musik, Tanz usw. empfindet, wie es bereits in den eiszeitlichen Höhlen zum Ausdruck kommt.

Hier soll gezeigt werden, dass Kultur und die entsprechende kulturale Anlage des Menschen auf der grundlegenden Ebene in gewissen Hinsichten vielmehr mit der Software-Struktur des Computers zu vergleichen sind. Diese Anlage entstand infolge der Ablösung von der genetischen Verhaltenssteuerung der Tiere. Sie eröffnete das völlig neuartige Potential des Menschen, wie es bei unserer Art Homo sapiens in Eiszeit und Geschichte zum Ausdruck kommt.

Es ist jedoch zu beachten, dass der evolutionäre Hintergrund darin lag, dass die genetische Verhaltenssteuerung gerade infolge des weiteren Gehirnwachstums in sozialer Hinsicht zu unfähig geworden war, dass die Stufe der Hominiden komplett dem Aussterben verfiel. Insofern verknüpft sich die Evolution von Kultur und der kulturalen Anlage in erster Linie mit dem Erwerb der Selbststeuerung zwecks fähiger Beziehungs- und Sozialverhältnisse.

Infolge der kulturalen Anlage baut sich das menschliche Verhalten auf der Erwachsenen-Ebene insgesamt nicht mehr auf genetisch vererbten Verhaltens-Programmen auf. Die genetisch ererbten Verhaltens-Programme wurden im Verlauf des humanevolutionären Prozesses durch weit bessere selbst entwickelte Programme ersetzt. Daraus entstand eine evolutionär völlig neuartige Lebens-, Sozial- und Beziehungs-Qualität, die diese Entwicklung zu einem großen Erfolg machte. Unsere Art Homo sapiens ist mit ihrer kulturalen Anlage das evolutionäre Resultat dessen.

Doch ist diese Software-Struktur genau wie beim Computer mit einigen Anforderungen an Software, Installation und Kenntnissen im Umgang mit den Programmen verbunden.

Dieses Verstehen ist umso bedeutender, als dass es in der historischen Entwicklung zu einigen Problemen bzgl. der Software und ihrer Installation kam. Die daraus resultierenden Probleme in der Verhaltens-Anlage und im Sozialleben lassen sich gerade nicht auf die menschliche Hardware zurückführen und haben nichts mit einem >Mängel-Wesen< zu tun, ebenso wenig wie der Computer mit seiner Software-Struktur als eine Mängel-Maschine zu begreifen wäre. Ganz im Gegenteil bedeutete die Entwicklung der Software-Struktur bei dem Computer wie evolutionär beim Menschen das neuartige Potential, das Beides zu dem großen Erfolg machte. Die Mängel gehen auf Probleme bei der angewendeten Software, bei der Installation wie auf Bedienungsfehler zurück.

Die Kulturologie als die neue Wissenschaft bzgl. dieser Software-Struktur des Menschen kann die Gründe und Prozesse dieser evolutionären Entwicklung mit ihren Anforderungen und ihrem Potential auf eine neue und sachgemäße Weise herausarbeiten und damit das Thema Kultur aus Mythologie, Ideologie und Unverständnis herausholen.

Es zeigt sich, dass Kultur als Lebens-Qualität und fähig gestaltete Beziehungs- und Sozialverhältnisse genau wie in der humanevolutionären Entwicklung eine echte menschliche Möglichkeit ist. Die historisch entstandenen Ausfälle und Defekte in der Software bzw. im Verstehen ihres Gebrauchs (wie etwa in Bezug auf Kommunikation) sind im Grunde erstaunlich einfach zu beheben – wenn man anfängt, sachgemäß an die Lösung heranzugehen.

Inhaltsverzeichnis

Vorwort 9

1 Einleitung: Der Mensch – das kulturale Wesen 13
1.1 Die Kernpunkte der Einsichten der Kulturologie 17
1.2 Kultur und Kulturologie 21
1.3 Ein erster kleiner Vergleich 26

Teil 1 Zur Evolution von Kultur 29

2 Zur Evolution des Gehirns 32
2.1 Zur Evolution des neurologischen Systems 35
2.2 Das Zwischenhirn – der Ort der Verhaltens-Programme 39
2.3 Die evolutionäre Konzeption der Großhirn-Funktion 42
2.3.1 Zur Verschränkung der genetischen Anlage und der Lern-Entwicklung 44
2.4 Zur Evolution der Primaten 47
2.5 Zur evolutionären Entstehung von Sprache 55
2.5.1 Sprache als neurologische Funktion 57
2.5.2 Die Stufe der Hominiden 65

3 Zur humanevolutionären Entwicklung 73
3.1 Die Aufteilung der Software-Anlage 75
3.2 Die neurologisch unreiferen Geburten 76
3.3 „Vom Ursprung der Kultur im Spiel" (Huizinga) 79
3.3.1 Theaterartige Spiele 86
3.4 Der Durchbruch 90

3.5 Die humanevolution. Weiterentwicklung von Sprache 94
3.5.1 Sprachspiele und Geschichten 97
3.5.1.1 Das Motiv der >Mond-Mutter< 103
3.5.2 Die Sprachform der Betriebssystem-Ebene 107

3.6 Die Pubertät – der große >Neustart< 112
3.6.1 Das Steuern und der Steuerungs-Prozess 116
3.6.2 Das >Programm< der humanevolutionären Software 118
3.6.3 Die Entwicklung zum >User< 125
3.7 Die eiszeitliche Sprache des Homo sapiens 129
3.7.1 Die >Buchstaben-Sprache< 131
3.7.2 Der Code der eiszeitlichen Sprache 134

Teil 2 Geschichte und Kultur 143

4 Kultur und Geschichte 146
4.1 Zu den Hintergründen der Entstehung der historischen Entwicklung 147
4.2 Die Mesolithische Revolution 153
4.3 Die historisch neue Sprach-Entwicklung 155
4.4 Kulturologie und Historiologie 166
4.4.1 Zu dem historiologischen Resultat 166
4.4.2 Zu der Kompatibilität von Kulturologie und Historiologie 169
4.5 Kultur: Zivilisation, Kult, Pseudo-Kultur usw.
- Grundlegende Begriffe und Kategorien einer Kulturologie 172
4.5.1 Kultur und das Kulturelle 177

Literatur 181

Vorwort

Es ist hier nicht die Absicht, die ganzen Dimensionen von Kultur wie Literatur, Kunst, Musik, Theater, Mode usw. der Kulturwissenschaften, der Ethnologie, der Kulturgeschichte und der Kulturphilosophie zu behandeln. Das ist nicht als Ablehnung gemeint. Ganz im Gegenteil sehe ich hier ein faszinierendes Feld menschlicher Möglichkeiten und Erfahrungen.

Doch stellt sich die menschliche Geschichte nicht bloß als Entwicklung von Literatur und Kunst usw. dar, sondern eben auch von Krieg und von Faschismen. Von hier aus kam ich nach verschiedenen Auseinandersetzungen 1984/85 zunächst zu dem Ergebnis, dass das gängige Geschichtsbild so nicht zutreffen konnte, was mich zu einer entsprechenden Forschung bzgl. der tatsächlichen Gegebenheiten in Humanevolution und Geschichte brachte.

In diesem Kontext spielte auch der Begriff >Kultur< eine zentrale Rolle, und mir fiel im Verlauf meiner Forschungen immer stärker die höchst unterschiedliche Verwendung dieses Begriffs auf: dessen Ungeklärtheit wie dessen Rolle in der kulturmythologischen Deutung von Geschichte und gesellschaftlichen Verhältnissen. Als mir hierbei deutlich wurde, dass die Rede vom Menschen als >kulturalem Wesen< auf entscheidend andere Konsequenzen als bei dem gängigen Gebrauch des Begriffs >Kultur< hinauslief, kam ich im Kontext meiner Forschungen zu Humanevolution und der historischen Entwicklung Mitte der 90er dahin, für die entsprechenden Gegebenheiten die Bezeichnung >Kulturologie< aufzustellen.

2012 wurde ich darauf aufmerksam gemacht, dass es diesen Begriff (vor allem im Ausland) bereits gab. Ich vermutete, dass es sich hierbei um eine ausländische Wortbildung für >Kulturwissenschaft< handelte, was in Teilen wohl auch der Fall ist. In dem bislang winzigen Artikel *Kulturologie* von Wikipedia [1] sah ich, dass dieser Begriff tatsächlich bereits 1949 von dem amerikanischen Anthropologen Leslie White für seine Theorie geprägt wurde, „dass Kulturen ihren jeweils eigenen Gesetzen folgten und nicht alleine durch Ökologie, Psychologie, Biologie oder andere Wissenschaften beschrieben werden könnten." (ebd.)

Allerdings ist der Wikipedia-Artikel über Leslie White für mich nicht dazu angetan, einen besonderen Bedarf an Auseinandersetzung mit seinen inzwischen schon recht alten Büchern empfinden zu können. Auch dies ist nicht als Ablehnung an sich zu verstehen. Es gibt hier nur gerade im Bereich >Kultur< Unmassen an Beiträgen, die man leider gar nicht alle (expliziter) aufnehmen kann, und so sehe ich mich hier schlichtweg auf das verwiesen, was mir bislang auf diesem Gebiet als am Wichtigsten und Weiterführendsten ersichtlich wurde. Das sind für mich Humanevolution/Anthropologie und Geschichte.

Die Methodologie, die in meinen Auseinandersetzungen seit der Mitte der 1980er entstand, verknüpft sich mit der Entwicklung eines Modells von Geschichte + Anthropologie incl. Humanevolution. Ich begreife dies analog zu der geographischen Weltkarte. Ganz in diesem Sinne versuche ich wie analog die Geographie des 16. Jh.s, die bisherige >Weltkarte< der menschlichen Existenz angesichts neuer Erkenntnisse und Daten zu korrigieren.

Diese Erkenntnisse und Daten verknüpfen sich für mich also im Grundlegenden mit den Bereichen Geschichte und Humanwissenschaften incl. Humanevolution, aber (von der Ebene der >Wahrnehmung<, der >Reflexion< und der >Empfindungen< her) durchaus auch mit Philosophie, Ethnologie, Religionsgeschichte, Kunst usw. Auch das >Subjektive< ist wichtig, auch

[1] (immer noch) 21.04.21, 18:45

>Gefühle< – aber auf der Ebene des >Subjektiven< und der >Gefühle<. Ob aber die Erde eine Scheibe ist oder gerade einmal ein paar Tausend Jahre alt ist, kann ich jedoch weder dem >Subjektiven< noch tradierten Vorstellungen überlassen. Biologie und Geschichte gehören für mich so weit in den Bereich der Empirie, der Fakten und also der >menschlichen Kognition<. Das zu >Subjektivem< oder etwa zu >Religion< zu erklären, führt nur zu Chaos und Terror. Nur wenn der Bereich der effektiven >Fakten< der menschlichen Kognition und Kommunikation überlassen wird, entsteht eine echte Freiheit des Subjektiven und Emotionalen, auch in religiöser Hinsicht. Es ist die einzige Chance, Gewalt, Ruin und Neurose-Probleme wie „Macht“ zu überwinden und zu fähigen Sozialverhältnissen und zu Lebens-Qualität zu kommen.

Ganz in diesem Sinne möchte ich hier nun eine neue Auseinandersetzung einbringen, und zwar als eine neuartige Konzeption an Wissenschaft, die ich als Kulturologie bezeichne.

Hierbei ist >Kulturologie< nicht in Gleichsetzung zu >Kulturwissenschaft/en< gemeint. Es geht vielmehr um einen *spezifischen* Bereich *innerhalb* der Kulturwissenschaft/en, der sich mit den z.B. biologisch-evolutionären Grundlagen des Komplexes >Kultur< befasst. Denn es geht bei Kultur in der kulturalen Anlage des Menschen nicht bloß um Formen von Anwendungs-Software und deren Gebrauch. Da zumal gewisse Störungen in unserem kulturellen >Computer-Betrieb< bestehen, gibt es allen Grund, ein näheres Verstehen bzgl. der >Betriebssystem-Ebene< wie auch bzgl. der >Installationsprozesse< zu entwickeln. In bestimmten Aspekten ist >Kultur< wohl rein subjektiv und insofern dann eine Frage des Geschmacks. Doch ist auch zu sehen, dass die menschliche Software >Kultur< wie etwa Sprache und Kommunikation auch ein funktioneller Bestand in der neurologischen Anlage des Menschen ist und somit auch eine Frage von Existenz, Lebensqualität und durchaus auch gesellschaftlichem Scheitern. Die beiden Weltkriege und die Faschismen usw. sind ein Beispiel dafür, und entsprechende Grundprobleme bestehen immer noch.

Es stellt sich effektiv dar, dass die Entstehung der historischen Phänomene wie Macht, Gewalt, Kriege usw. auf Probleme in der Software und der Installation zurückgehen (→ Kapitel 4). Auf die menschliche Hardware lässt sich dies ebenso wenig wie auf die humanevolutionäre Entwicklung zurückführen, schon auch grundsätzlich nicht, weil das menschliche Verhalten anders als bei den Tieren nicht mehr genetisch fixiert liegt, sondern eine Sache der Selbststeuerung: von Kultur und von Persönlichkeitsentwicklung ist. Der Mensch ist hierbei ebenso wenig ein >Mängelwesen<, wie ein Computer eine Mängel-Maschine ist, weil er auf die Installation von Software angelegt ist. Ganz im Gegenteil ist diese Anlage die neuartige Entwicklung, die ein völlig neuartiges Potential eröffnete. Genau dies stellt sich auch beim Menschen dar.

Da bestimmte historische Probleme auf Mängel in der Software und der Installation zurückgehen, bedeuten diese Einsichten auch, dass diese Probleme bei einer hinreichenden Auseinandersetzung effektiv zu beheben sind.

Dafür Grundlagen zu schaffen, ist auf dieser Ebene das Gebiet der Kulturologie wie auch das Anliegen des vorliegenden Beitrags. Auch wenn hier das Problem kultureller Mängel und Entgleisungen in der historischen Entwicklung nicht übergangen werden kann, geht es hier weder um „Kulturkritik" noch um „Polit". Wenn man hier nicht dahin kommt, die entstandenen Probleme in der kulturellen Software in der sachgemäßen Weise aufzunehmen und ein entsprechendes Verstehen bzgl. dieser Probleme zu entwickeln, wird man sie kaum beheben können.

Christoph W. Rosenthal
Mai 2021

1 Einleitung

Der Mensch – das kulturale Wesen

„Aus dieser Perspektive betrachtet, erweist sich also die Fähigkeit von Menschen, bewusst zu handeln, sich ihrer selbst bewusst zu werden, ihr Bewusstsein zu schärfen und zu erweitern, als eine Kulturleistung.“ [2]

[2] Gerald Hüther: Was wir sind und was wir sein könnten, S. 141

„In jüngster Zeit hat eine Serie neurobiologischer Beobachtungen ein neues Bild entstehen lassen. Es beschreibt des Menschen als ein Wesen, dessen zentrale Motivationen auf Zuwendung und gelingende menschlichen Beziehungen gerichtet sind."
(S. 9)

„Wir sind – aus neurobiologischer Sicht – auf soziale Resonanz und Kooperation angelegte Wesen. Kern aller menschlichen Motivation ist es, zwischenmenschliche Anerkennung, Wertschätzung, Zuwendung oder Zuneigung zu finden und zu geben." (S. 23)

Der Neurobiologe
Joachim **Bauer**: Prinzip Menschlichkeit. Warum wir von Natur aus kooperieren

Hinweis:

- Im Unterschied zu den **runden Klammerzeichen** (…) sind die **eckigen** Klammerzeichen […] *in Zitaten* Ausdruck meiner Bearbeitung [= CR]. Dies schließt auch mitunter eine Bemerkung [*kursiv abgesetzt*] ein. Dies wird an den Stellen nicht jeweils vermerkt.

Der evolutionäre Schritt vom >Tier< zum >Menschen< verknüpft sich mit der Ablösung von der Steuerung durch genetisch vererbte Verhaltens-Programme zur Befähigung zur Selbststeuerung. Darin – und *allein* darin – liegt der *kategoriale* Unterschied zwischen >Tier< und >Mensch<, der eine völlig neuartige evolutionäre Dimension ergab.

Die Grundlage dieser Entwicklung verknüpft sich mit der Evolution von Sprache. Mit der Evolution von Sprache entstand eine neuartige neurologische Hardware-Struktur, in der ein äußeres >Programm< bei entsprechender >Installation< Bestandteil biologischer Funktionen wurde.

Diese Evolution von Sprache ist aufgrund der Umbildungen in der neurologischen Struktur in *gewisser* Weise (s.u.) die *Ursache* für die humanevolutionäre Ablösung von der Steuerung durch genetisch vererbte Verhaltens-Programme. Sprache ist *das* Instrument der Selbststeuerung. Ohne Sprache (die bei Taubstummen freilich in ganz anderer Form angelegt sein kann) ist eine Selbststeuerung neurologisch keine Möglichkeit.

In diesem Prozess wurden evolutionär Schritt für Schritt genetisch ererbte Verhaltens-Programme durch Sprache und Bewusstheit für eine Selbststeuerung erschlossen. Entsprechend können hier Bereiche von Sprache als Software für die eigene Steuerung der (in *Teilen* an sich immer noch ererbten) Verhaltens-Programme gesehen werden. Zuletzt wurde jedoch im Vorfeld vor unserer Art Homo sapiens auch die evolutionär entscheidende Hoheit in dieser Steuerung erreicht. Unsere Art ist als das evolutionäre Produkt dieses Ergebnisses zu begreifen, da dieses von effektiver biologischer Konsequenz war.

Die Evolution von Kultur ergab sich durch eine entsprechende Entwicklung an Sprache wie auch durch die Inhalte der evolutionär angeeigneten Verhaltens-Bereiche. Dazu gehörten insbesondere auch die Entwicklungen der kindlichen Kreativität, von Spiel, Singen, Musik, Tanz usw. Alle diese Formen, die wesentlich aus dem *dialogischen* Verhältnis zwischen den Erwachsenen und den Kindern erwuchsen, trugen auch zur weiteren evolutionären Aneignung der Verhaltens-Bereiche bei.

Dennoch ist es von Bedeutung, die unterschiedlichen Ebenen von Kultur in dieser Entwicklung zu erfassen. Das fundamentale Moment der Evolution von Kultur besteht in der Ablösung von der genetischen Verhaltenssteuerung hin zur Befähigung zur Selbststeuerung. Die sekundäre Ebene wie Spiel, Musik, Kunst usw. bringt diese Selbststeuerung zum Ausdruck. Dies sind *evolutionär* – besonders ersichtliche - *Formen* der Selbststeuerung, in denen etwas von der menschlichen Psyche und Personalität zum Ausdruck kommt. Doch sind sie weder das Eigentliche der Selbststeuerung noch von Kultur, aber dennoch als Verwirklichung der Selbststeuerung und von Menschsein von Bedeutung.

Im Grundlegenden ist die Evolution von Kultur als Bewusstsein und der Praxis der Selbststeuerung in Persönlichkeit und im Beziehungs- und Sozialleben zu begreifen und der Begriff >Kultur< in Entsprechung zu der >kulturalen Anlage< des Menschen auch von dort aus zu definieren.

Dieser Prozess der Ablösung von der genetischen Verhaltenssteuerung und des Aufbaus von neurologischen Strukturen, die zum Zweck der Selbststeuerung entstanden (wie insbesondere im Stirn-Bereich, der evolutionär entsprechend wuchs), ging mit einem evolutionären Umbau der >Hardware< einher. Ihr Ergebnis ist die kulturale Anlage des Menschen samt einer entsprechenden Software an Kultur, die für eine Funktionalität der menschlichen Existenz *konstitutiv* zu installieren ist. Andernfalls kommt es zu Störungen wie Macht, Gewalt, Barbareien und ggf. auch zu völligen kulturellen Zusammenbrüchen. Die humanevolutionäre Entwicklung belegt hier effektive Problemstellungen. Es geht bei >Kultur< im Eigentlichen nicht um eine paar schöne >Zugaben<, sondern um die Grundlage unseres Existierens und Überlebens.

1.1 Die Kernpunkte der Einsichten der Kulturologie

Hier sollen vorweg Kernpunkte der Einsichten der Kulturologie aufgelistet werden, deren weitere Hintergründe in den nachfolgenden Ausführungen dieses Buches näher aufgenommen und erläutert werden.

1) Die Software-Anlage des Menschen
Es geht zuerst und im Grundlegenden um die Einsicht, dass sich die kulturale Anlage des Menschen in gewisser Weise mit der Software-Anlage des Computers **samt Anwender** (Subjekt des Gebrauchs und der Steuerung) vergleicht. Das begreift sich nicht als >Mängel-Wesen<, sondern gerade als die Grundlage völlig neuartiger Qualitäten und Fähigkeiten in der Ablösung von der genetischen Verhaltenssteuerung. Darin liegt auch die evolutionär neuartige Bedeutung des Subjekts - sogar für das Sozialleben – und damit auch des Gefühls- und >Seelenlebens<.

2) Das Produkt der Ablösung von der genetischen Verhaltenssteuerung
Diese Anlage entstand infolge der humanevolutionären Ablösung von der genetischen Verhaltenssteuerung zur Befähigung zur Selbststeuerung. Damit und allein damit verknüpft sich der *kategoriale* Unterschied zwischen >Mensch< und >Tier<.

3) Die besondere Großhirn-Entwicklung
Dass dies evolutionär möglich wurde, hat in der besonderen Großhirn-Entwicklung des Menschen seine grundlegendste Voraussetzung. Dieser neokortikale Bereich des Gehirns ist mit >Installationen< von >Lern-Erfahrungen< verbunden.

Die besondere Größenordnung des neokortikalen Gehirn-Bereichs ist schon ein grundlegendes Merkmal der Primaten insgesamt. Dies verstärkte sich in der Evolution der Primaten mit jeder Stufe weiter. In dem humanevolutionären Prozess erreichte der Komplex der >Lern-Prozesse< eine Größenordnung, die mit dem Abschluss der Sozialisation (= Installationsprozess) nun auch zur Selbststeuerung befähigte.

4) Sprache

Im Besonderen verdankt sich die Entwicklung der Selbststeuerung der Evolution von Sprache. Sprache ist hierbei in erster Linie *nicht* als ein Medium von Kommunikation zu sehen, sondern *in **erster** Linie* als Medium in der neurologischen Anlage. Sprache entstand aus der Umkehrung des lautlichen >Signals< an Andere zu Signalen im Verhältnis zu sich selbst. Dies hatte neuartige Fähigkeiten wie auch eine neue Effizienz in den neurologischen Prozessen zur Folge. Daraus ergab sich *dann* auch eine neue Dimension von Kommunikation, die auch in der humanevolutionären Entwicklung in der zwischenmenschlichen Koordination von *konstitutiver* Bedeutung wurde.

5) Die neue Dimension der Installationsprozesse

Durch die Evolution von Sprache entstand in verschiedenen Hinsichten eine neue Dimension von Installationsprozessen, die entscheidend über die bisherige >Sozialisation< der vorsprachlichen Großhirn-Ebene hinausgeht.

Die kulturale Anlage des Menschen erklärt sich aus dieser neuen Dimension der >Installation< sprachlich bestimmter Software in der humanevolutionären Ablösung von der genetischen Verhaltenssteuerung zur Befähigung zur Selbststeuerung.

6) Kultur als Software

Aus dem evolutionären Zusammenhang zwischen Neurologie und Sprache erwuchs eine neuartige Dimension von Software als Vermittlung von Traditionsgut als Faktor der Sozialisation. Dies ergibt sich bereits durch den Gebrauch von Sprache selbst. Sprache ist nicht nur als eine spezielle Form von Akustik zu se-

hen. Vielmehr sind diese >Lautformen< auf verschiedenen Ebenen mit >Inhalten< verbunden. Dieser Sachverhalt bedeutet auf der Ebene der kindlichen Sozialisation eine Funktion von Software.
In dem Gesamtzusammenhang mit der Verhaltenssteuerung ist diese Software (bei uns Homo sapiens) nicht nur als Vermittlung von >Praktischem< (Knowhow, Handfertigkeiten) zu begreifen (bzgl. der >Anwendungs-Software< wie ein Schreib-, ein Graphik-Programm usw.), sondern – sogar in erster Linie und vor allem - auch in Bezug auf die Persönlichkeits-Entwicklung und die Sozial-Verhältnisse (**Betriebssystem**-Software).

Grundlegend ist der **gesamte** menschlich wirksame Software-Komplex als der Sachverhalt >Kultur< zu begreifen, im Besonderen die Kultur-Verfassung der Sozialverhältnisse und die Betriebssystem-Software samt Installation in der Formatierung der Persönlichkeit. Hierbei wirkt sich die konkrete Anlage einer Sprache bedeutsam auf die Qualität dieser Software aus.

7) Kultur als biologische Funktion

Trotz ihrer neuartigen Meta-Ebene ist >Kultur< analog zu Sprache doch auch als eine neurologische und biologische Funktion zu begreifen, die in Hinsicht auf eine evolutionäre Fitness entstanden und dafür auch weiterhin von Bedeutung ist.

Eine unzureichende >Kultur< führt je nach Ausmaß dieses Mangels früher oder später zum kulturellen Zusammenbruch, so glorreich sie auch der eigenen Wahrnehmung erscheint.

Die humanevolutionäre Entwicklung von Sprache, Kultur und der kulturalen Biologie steht mit ihrer Ablösung von der genetischen Verhaltenssteuerung mit der Überwindung der sozial zu unfähig gewordenen Verhaltens-Programme in Verbindung. Denn genau daran scheiterten die Hominiden gerade mit ihrer evolutionär neuartigen technischen Intelligenz. Wenn die humanevolutionäre Entwicklung von Kultur mit den kulturellen Aktivitäten auch eine neuartige Dimension von Lebens-Qualität eröffnete, geht es doch in ihrer evolutionären Funktion in erster Linie um fähige Beziehungs- und Sozialverhältnisse.

Die Evolution von Sprache und Kommunikation sind hierbei der entscheidende Schlüssel. Im Bereich von Sprache und Kommunikation sind Individualität/Personalität und Gemeinschaftlichkeit kein Gegensatz, sondern eine gegenseitige *Bedingung*. Weder Kommando/Gesetze noch Sülze oder >Brot und Spiele< reichen für das menschliche Sozialleben (sie sind bestenfalls kurzfristige Verlegenheits-Lösungen). Die eigentliche humanevolutionäre Entwicklung lässt sich allein von der produktiven Wechselwirkung der Pole von Personalität, Beziehungs- und Sozialleben her zu verstehen. In dieser produktiven Wechselwirkung entstand humanevolutionär die hierfür notwendige Sprache und Kultur. Dieses Ergebnis wurde im Vorfeld vor unserer Art Homo sapiens erreicht.

Erst mit diesem Ergebnis wurde der evolutionäre Durchbruch aus der evolutionären Sackgasse >nach den Schimpansen< erreicht, der alle anderen Entwicklungen dieses Strangs zum Opfer fielen – doch dann: mit was für einem Erfolg!

„Unser Gehirn ist also ein soziales Produkt und als solches für die Gestaltung von sozialen Beziehungen optimiert. Es ist ein Sozialorgan. Erst in einer derartigen entwicklungsbezogenen Perspektive bekommt man in den Blick, dass menschliche Gehirne Organe sind, die ausschließlich in einem Netzwerk von anderen Gehirnen überlebens- und entwicklungsfähig sind.“

Der Hirnforscher
Gerald Hüther: Was wir sind und was wir sein könnten, S. 44

1.2 Kultur und Kulturologie

Es geht in dieser Begründung der Kulturologie darum, ein neues Verstehen unserer neurologischen Anlage in Sprache, Sozialisation und Selbststeuerung usw. insbesondere durch den Vergleich mit der Anlage des Computers zu eröffnen.

Der Vergleich mit der Computer-Anlage ist keineswegs an den Haaren herbeigezogen. Er drängt sich angesichts der Verhaltens-Programme, der Installation von >Software<, des Gebrauchs von Software (z.B. Sprache, Technologien usw.) und der Steuerung seiner Gegebenheiten und Aktivitäten geradezu auf.

Diese Nachahmung in Form von Robotern ist alles andere als Zufall. Es gibt hier tatsächlich auf den verschiedensten Ebenen Entsprechungen, von den Kabeln über die Kamera (>Auge<) bis zur Software und >Programmier-Sprache<.

Dieser Vergleich hat jedoch gerade nicht zum Ziel, den Menschen zu einer Art Roboter zu erklären (wie das alte >man a machine< der Moderne), sondern ganz im Gegenteil die Gegebenheiten der menschlichen Steuerung zu klären. Denn angesichts der gravierenden Probleme in Ökologie, Ökonomie, Sozialleben usw. mangelt es wohl nicht an Eingriffen in die verschiedenen „Computer-Funktionen“ – ein erheblicher Teil dieser Störungen erklärt sich vielmehr aus diesen schon seit dem Beginn der historischen Entwicklung vorgenommenen Eingriffen, die auch die Software verändert hat. Woran es bislang hapert, ist ein wirkliches Verstehen der ganzen Gegebenheiten dieser Steuerungen, die wir permanent betreiben, gewollt oder ungewollt, durch Eingriffe wie durch Unterlassungen. Hierfür gibt es inzwischen durch den großen Überblick über Evolution und Geschichte in den Humanwissenschaften ein neues Knowhow, das auch in Hinsicht auf diese Gegebenheiten der Steuerung erschlossen werden sollte.

Der Vergleich mit der Computer-Anlage erklärt die Wirkmechanismen von Sprache in Hinsicht auf das Verhalten. Diese bestehen jedoch keineswegs in dem Gebrauch der Wörter an sich, wie das magizistische Bewusstsein meint. Das bloße >Kopieren< von Sprache und Wörtern reicht dafür ebenso wenig wie ein bloßes Abspeichern eines Computer-Programms. Sprache kann erst dann und auch nur so weit als Medium der Verhaltenssteuerung wirksam werden, wie sie *zu diesem Zweck zubereitet* ist (wovon bei unserer Sprache in Teilen nicht die Rede sein kann, wo man gerade bei den zentralen kulturellen Sachverhalten wie >Liebe<, >Frieden< usw. nur solche Pauschalformeln wie >Auto< kennt). Vor allem aber muss Sprache in der Persönlichkeits-Anlage hinreichend >installiert< werden.

Allein schon aus diesem einen Aspekt Sprache ergeben sich ganze Dimensionen bzgl. der menschlichen Hardware, des grundlegenden Betriebssystems in der Verhaltens-Anlage, den verschiedenen Bereichen der kulturellen Anwendungs-Software und dem Gebrauch und Bedienen der ganzen Software zu einer jeweils erwünschten Praxis. Tatsächlich begreift sich Sprache als ein grundlegender Bereich der menschlichen Software-Struktur, die beim Säugling von Anfang an in der Reifung des Gehirns installiert wird. Hierbei geht es nicht bloß um das Lernen von Vokabular. Sprache wirkt hier auch auf die Strukturierung der neurologischen Entwicklung (auf die Tauglichkeit und auf die Komplexität dieser Anlage). Sie wirkt in Verbindung mit Beziehung und Kommunikation auf die hormonelle Entwicklung und selbst auf das Ausmaß an optischer Wahrnehmung usw. (verknüpft sich das menschliche >Sehen< mit per Sprache erworbenem >Wissen<, s.u.). So entstand aus dem so winzigen Unterschied gegenüber den uns *genetisch* so eng verwandten Schimpansen die gänzlich andere Dimension der menschlichen Existenz.

Der Vergleich mit der Computer-Anlage erlaubt neue Einsichten und Forschungen. Er ersetzt frühere Modelle, die hier quasi lediglich von der „Natur des Computers“ sprechen können, ohne etwas von den Programmen in Unterscheidung zwischen Betriebssystem und den Anwendungs-Programmen in Hinsicht auf die Hardware-Gegebenheiten samt dem Thema der Installation zu verstehen.

Sehr wohl können Funktions-Störungen auch beim Computer auf Hardware-Schäden zurückgehen. In den neurologischen Funktionen des Menschen entstehen solche Hardware-Schäden durch Krankheiten, Unfälle, als Alterserscheinungen und sozial durch gravierende Naturkatastrophen und andauernde Kriegs-Probleme. Wo in dem einen Fall eine Neuinstallation der Software die Lösung bringt, erreicht das in dem anderen Fall rein gar nichts, weil sich das eigentliche Problem mit einer Störung in der Hardware verknüpft. Im Falle einer gesellschaftlichen Traumatisierung braucht es eine entsprechende Zeit, bis sich diese Schäden regenerieren (ggf. wie ein Wald nach Sturmschäden oder Dürre).

Umgekehrt gibt es Probleme aufgrund einer unzureichenden Software oder aber einer unzureichenden oder fehlerhaften Installation eines an sich fähigen Programms. All dies ist bei Störungen im Einzelnen genau zu analysieren, menschlich auf jeden Fall in Hinsicht auf die historisch entstandenen Probleme. Denn es gibt hier vom Wissenschaftlichen her nicht den geringsten Hinweis, dass diese Probleme auf die menschliche Hardware und/oder auf die humanevolutionär entwickelte Software zurückgehen. Vielmehr zeigen die neuen Einsichten in den humanevolutionären Prozess, dass er mit der Entwicklung von Selbststeuerung und Kommunikation und hierbei mit der eines fähigen Beziehungs- und Soziallebens in Verbindung steht. Die kulturale Anlage unserer Art Homo sapiens entstand als Produkt dessen, dass diese Software erfolgreich funktionierte.

Dass der Mensch aufgrund seiner grundlegenden Angewiesenheit auf eine Software-Installation als >Mängelwesen< zu sehen wäre, ist ebenso ein gedanklicher Missgriff, wie einen Computer deswegen als eine „Mängelmaschine“ zu sehen. Vielmehr verknüpft sich mit dieser Anlage genau die entscheidende neue Qualität an Entwicklung, beim Menschen in der Fähigkeit zur Selbststeuerung und sozial zu >Kultur<.

Die historischen Probleme begründen sich nicht in der menschlichen Hardware und nicht in der humanevolutionär entwickelten Software, außer – wenn man so will – darin, dass der Mensch, d.h. Homo sapiens, *von seiner Anlage her* von Anfang an leider nicht primitiv ist, sondern mit bestimmten Anforderungen an die Software und ihre Installation verbunden ist. Die eiszeitliche Kultur des Homo sapiens für >primitiv< zu halten, hat also nicht die geringste wissenschaftliche Basis. Das Problem von Primitivität entstand erst in den Folgen der gigantischen Naturkatastrophen und –Umbrüchen am Ende der Eiszeit.

Anders als vielen höheren Tierarten gelang es dem Menschen wohl zu überleben, doch verbreitet auch nicht viel mehr. Man fand in den damaligen Notstandsproblemen in etlichen Teilen der Welt nicht die Zeit, die humanevolutionär entwickelte Software hinreichend zu installieren. Die Folgen dieser verkürzten Installation und bald auch des Verlusts wichtiger Teile an Software waren beträchtlich. Man beherrschte Sprache und Kommunikation nicht mehr zureichend (>babylonische Sprachverwirrung<). Soziale Probleme, kriegerische Disflikte sowie das Aufkommen von Geister-Kulten, abstruser Weltanschauungen und autoritärer Systeme auf der Basis von Macht und Gewalt waren mit Konsequenzen für die Versorgungslage die baldige – unabdingbare – Folge. All dies lässt sich heute relativ genau in der historischen Entwicklung verfolgen und in den grundlegenden Punkten studieren.

Die entstandenen Probleme waren leider nicht nur praktischer äußerer Art. Das auf die Dauer weit Folgenreichere betraf die Tradierung einer mangelhaften Software an Sprache, in der Sozialanlage und bei den Individuen in >Bewusstsein<, der Verhaltens-Fähigkeit und der Fähigkeit zu Kommunikation.

In dem Versuch, die entstandenen Sozialprobleme zu beheben, kam man im nächsten Schritt neben der Weiterentwicklung der Anwendungs-Software auch dahin, einiges im Betriebssystem umzuprogrammieren. Tatsächlich entstanden hierdurch auch Lösungen und sogar wichtige fortschrittliche Neuentwicklungen. Doch kam es neben den positiven Effekten auch zu Funktionsstörungen bis hin zu den Weltkriegen und den Faschismen.

Gerade auch von hierher macht der Vergleich mit den Computer-Funktionen einen bedeutsamen Sinn. Wir haben hier keinen Anhalt und keinen Anlass, das eigentliche Problem in der Computer-Anlage an sich zu sehen – ganz im Gegenteil, sie war menschlich die Basis der Lösung vorausgehender evolutionärer Probleme sowie für die Entwicklung von Lebens-Qualität und Fortschritt. Die Probleme liegen in konkreten Bereichen der Software, die sich bei entsprechender Auseinandersetzung beheben lassen. Diese Auffassung hat nichts mit Naivität zu tun. Sie ergibt sich aus den humanwissenschaftlichen Einsichten und aus der Analyse der evolutionären Entwicklung dieser Software-Struktur des Menschen. Sie ermöglichte über Jahrzehntausende ein fähiges Beziehungs- und Sozialleben in Liebe, Freiheit und Abenteuer, wie es sich an den kühnen nautischen Unternehmungen oder auch an den eiszeitlichen Erforschungen der Höhlen belegt (was man erst in jüngster Zeit mit modernster Ausrüstung wieder erreicht hat). Dies bestätigt sich in umgekehrter Form bei dem Aufkommen der historischen Probleme bei Mängeln an Software (-Installation).

Damit kommen wir aus falschen Alternativen heraus. Wir müssen uns weder mit dem Stand veralteter Software noch mit den Störungen der neuen Software abfinden. Die Probleme lassen sich bei einer zureichenden Analyse und bei einer gemeinschaftlichen Kommunikation sehr punktgenau beheben.

1.3 Ein erster kleiner Vergleich

Es können einige Bereiche der Computer-Anlage sinnvoll für das Verstehen analoger Prozesse in der Software-Struktur des Menschen aufgenommen werden. Hierbei ist freilich zu beachten, dass diese Anlage bei uns Homo sapiens unabdingbar auf die Befähigung des Individuums zur Selbststeuerung hinausläuft. Denn diese Befähigung ist die Grundlage für eine wirkliche Kommunikation wie für gute Beziehungs- und Sozialverhältnisse.

- Die Software-Struktur des Menschen
Hardware – kulturale Anlage; Kultur als Software

- Verhaltens-Programme
Dies ist auf der Tier-Stufe noch nicht grundlegend zwischen Hardware und Software differenziert. Doch beginnt mit der Großhirn-Anlage *innerhalb* der Verhaltens-Programme eine Differenzierung durch Lern-Erfahrung, was infolge des weiteren Gehirnwachstums im humanevolutionären Prozess zu einer eigenen Größe wird.

- Betriebssystem – Anwendungs-Software
Infolge der Evolution von Sprache entsteht auf der der Humanevolution vorausgehenden Stufe der Hominiden vor vermutlich etwa 2,5 Mio. Jahren eine erste Form von Software-Logik.

Demgegenüber kommt es in der humanevolutionären Entwicklung – durch Spiel/Kultur und Sprache – zu einer Ausdifferenzierung zwischen Betriebssystem und Anwendungs-Software, was erst den evolutionären Erfolg bringt.

Ganz entsprechend sind diese Bereiche in der menschlichen Anlage auch in ihren jeweiligen Funktionen effektiv zu unterscheiden. Anwendungs-Software wie z.B. Rechnen und Schreiben ist keine Funktion des Betriebssystems. Das Betriebssystem ist vielmehr auf die eigentliche Ebene der Persönlichkeits- und Bewusstseins-Entwicklung zu beziehen. Dies gilt etwa für die Befähigung zu Kommunikation und für die Steuerung der Verhaltens-Programme samt der Gestaltung der Sozialverhältnisse.

Hier wäre für die Zukunft erheblich exakter zu klären, was in dem Gesamtkomplex >Kultur< und in der Logik ihrer >Installation< zu der Ebene des Betriebssystems und was zu der Ebene der Anwendungs-Software zu rechnen wäre; ebenso, welche Bereiche als jeweilige Anwendungs-Software angelegt werden sollen (in Verbindung und in Aufteilung), insbesondere auf den Ebenen, die zu der >Installations-Phase< gehören.

- Installation

Der Begriff der >Installation< soll hier darauf aufmerksam machen, dass sich beim Menschen nicht einfach bloß eine >Sozialisation< in nur quantitativer Ausdehnung in der Art der Tier-Stufe vollzieht, nämlich auf der Basis genetischer Prozesse, was nichts mit Bewusstheit und selbst bestimmten Entwicklungen zu tun hat.

Der Prozess von >Installation< entstand evolutionär durch die Entwicklung von Sprache. Er ging in der humanevolutionären Entwicklung so weit, dass er die Befähigung zur Selbststeuerung in Ablösung von der genetischen Verhaltenssteuerung begründete. Die in dieser Verbindung entstandene kulturale Hardware-Anlage des Menschen setzt in erster Linie die Installation einer Software voraus, die zur *Selbststeuerung* im *Miteinander* von Beziehungen und Sozialem befähigt (*nicht* in *subordinativer* Anpassung). Eine solche Installation betrifft im Besonderen eine für eine Selbststeuerung qualifizierte >Sprache< (was historisch keineswegs eine Selbstverständlichkeit ist, wie noch gezeigt wird).

Der Begriff der >Installation< meint in seinem Bezug auf die kulturale Anlage des Menschen nicht, dass die Kinder als leere Hardware-Struktur zu verstehen wären, die wie ein Computer zu >installieren< wären. In dieser Hinsicht besteht ein qualitativer Unterschied zu dem Computer als Maschine. Denn die entscheidende Installation und Software verknüpft sich beim Menschen mit der Befähigung zur Selbststeuerung in gemeinschaftlicher Kommunikation und Verhaltensbestimmung.

Der Prozess der >Installation< erfolgt bei den Kindern zunächst genetisch (Freud >Es<), doch sind die Kinder hierbei infolge der kulturalen Anlage des Menschen immer schon Subjekte (hier liegt auch die evolutionär neuartige Bedeutung des Spiels). Die Fähigkeit zur vollen Selbststeuerung beginnt jedoch erst in der Pubertät und erwächst erst im Verlauf der >Jugend< zum eigentlichen vollgültigen Maß. Bis dahin sind die Kinder bzgl. ihrer Selbststeuerung auf eine entsprechende Zuwendung und Unterstützung angewiesen wie in der Ernährung und allem Weiteren.

Die entsprechende Über-Ich-Struktur hat *dies* zum Hintergrund. Sie verknüpft sich mit der humanevolutionären Ablösung vom >Es< und war die neuartige *kulturale* Grundlage der menschlichen *Kindheit*. Doch war dies mit einem (ebenso) ausdrücklichen Prozess an Ablösung von der Über-Ich-Anlage der Kindheit verbunden („Jugend-Initiation“).

Leider kam es aufgrund der sozialen Probleme am Ende der Eiszeit mangels zureichender Kultur verbreitet zu einer Form von „Jugend-Initiation“, die ihren ursprünglichen Sinn auf den Kopf stellte und also auf eine Verinnerlichung der Über-Ich-Struktur angelegt war (u.a. auch in Form der „Geschlechts-Rollen“). Die daraus folgende Unselbständigkeit, Hörigkeit und >Gehorsamsbereitschaft< (Milgram) erbringen jedoch unabdingbar Verhältnisse bis hin zu Faschismus, Krieg und kulturellem Zusammenbruch. Das menschliche Sozialleben funktioniert dauerhafter allein auf der Basis einer sozial qualifizierten Selbststeuerung aller Individuen, deren Entwicklung entsprechend zu fördern ist.

Teil 1

Zur Evolution von Kultur

Das Verfolgen der Evolution von Kultur erscheint mir als die beste Methode, den Sachverhalt >Kultur< in seinen Ursachen, Hintergründen, Bedingungen, Funktionen und Gegebenheiten zu erschließen. Dies soll im Folgenden in einem kurzen Überblick vorgenommen werden.

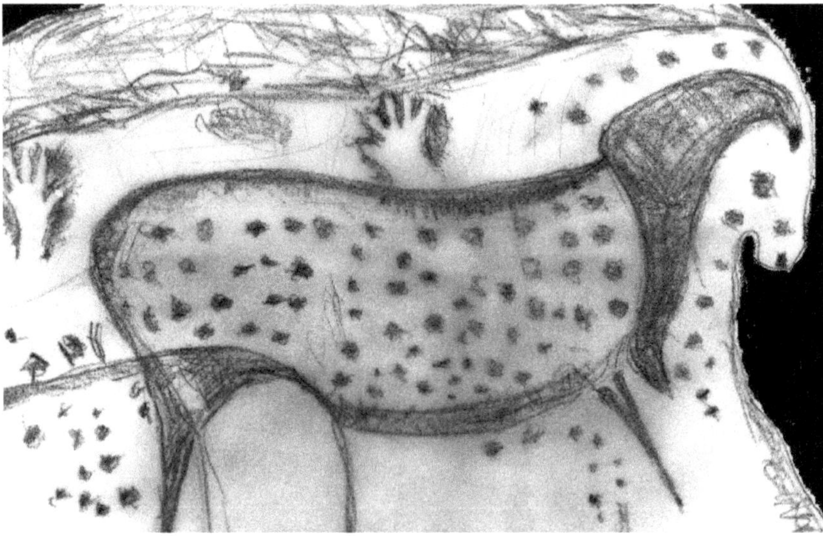

Aus der Höhle Peche-Merle (F), Umriss ca. 15.000 Jahre alt, Punkte und Hände verschiedentlich *hinzugefügt. - Auf dieser Abbildung ist am Kopfbereich die Technik gut zu erkennen, dass natürliche Formen aufgenommen wurden.* [3]

[3] Nachzeichnung nach: Göran Burenhult: Illustrierte Geschichte der Menschheit I, S. 112 f.

Kulturanthropologie

„Die vergleichende Perspektive [*der* ***Kulturanthropologie***] bringt auch eine Berücksichtigung der zeitlichen Dimension mit sich. Das heißt, sie besteht darauf, dass wir, um die industrialisierten, staatlich organisierten Gesellschaften der Gegenwart zu verstehen, mit dem vertraut sein müssen, was ihnen vorhergegangen ist; wir müssen also die staatenlosen, nichtindustriellen Gesellschaften kennen, aus denen sich die modernen Gesellschaften entwickelt haben.

Uns steht eine einigermaßen vollständige Dokumentation der Gattung Mensch zur Verfügung, die zeitlich fast fünf Millionen Jahre zurückreicht. Die ersten Bodenbau treibenden Gesellschaften traten erst vor ungefähr 10.000 Jahren [*eher vor 11.500 Jahren*] auf, die ersten staatlich organisierten Gesellschaften erschienen erst vor etwa 6000 Jahren; und die Industriegesellschaft hat erst vor 200 Jahren begonnen, sich im großen Maßstab durchzusetzen. Sicherlich können wir nicht hoffen, uns selbst zu verstehen, wenn wir die Berichte über die früheren Lebensformen ignorieren. [...] Man kann z.B. die Ausübung von Herrschaft in modernen politischen Institutionen nicht völlig verstehen ohne einige Vertrautheit mit Gesellschaften, in denen es keine politische Herrschaft gibt und formale Institutionen der Rechtspflege fehlen.
[…]
Zweitens ist die Anthropologie holistisch in dem Sinn, dass sie den Versuch macht, die Menschen nicht nur als kulturelle Wesen, sondern auch als *biologische Wesen* zu verstehen. Sie befasst sich mit den physischen oder biologischen Charakteristika der Gattung ebenso gut wie mit den sozialen und kulturellen. Die physische Evolution der Gattung *Homo* und die kulturelle Evolution der Menschheit werden nicht als zusammenhangslos nebeneinander laufend betrachtet. Beide sind nötig für ein richtiges Verständnis davon, was für eine Art von Geschöpfe wir sind.“

Frank Robert **Vivelo**: Handbuch der Kulturanthropologie, S. 39, 41

2 Zur Evolution des Gehirns

Mir fiel mehrfach auf, dass der Begriff >Kultur< in der Wissenschaft auch in Bezug auf bestimmte Verhaltensformen bei den Affen angewendet wird. Dies ist berechtigt, *sofern* man den **kategorialen** Unterschied des Gesamtinhalts dieses Begriffs beim Menschen erfasst. Denn die Unterschiede von >Kultur< zwischen Mensch und den Primaten sind keineswegs allein quantitativer Art, sondern vor allem qualitativer und im Grundlegenden auch kategorialer Art.

Die Evolution des Großhirn- oder kortikalen Gehirn-Bereichs ist eine bestimmte Entwicklungsstufe der Evolution der neurologischen Strukturen (grau markiert):

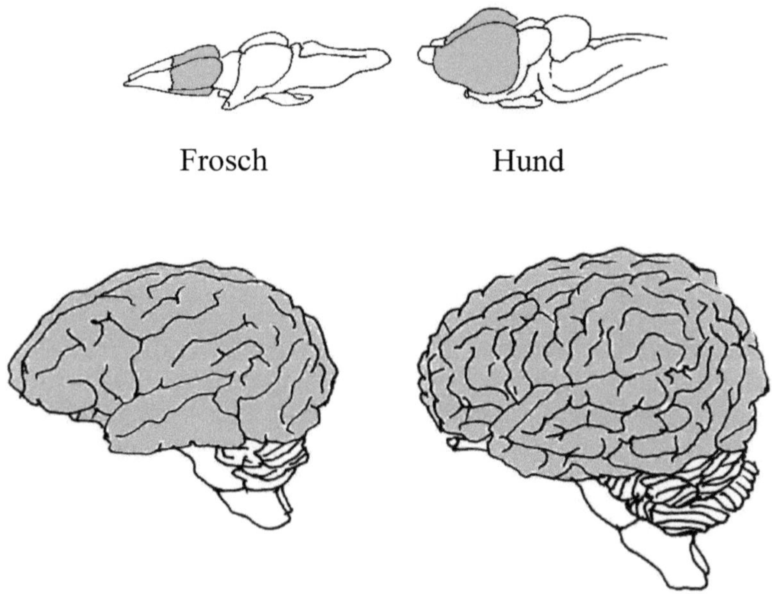

Frosch Hund

Schimpanse Homo sapiens

Nachzeichnung nach: Hoimar v. Ditfurth: *Der Geist fiel nicht vom Himmel, 7. Farbblatt nach S. 224*

Dieses Buch bietet eine gut lesbare ausführliche Abhandlung über „Die Evolution unseres Bewusstseins" (so der Untertitel), wenn es auch nicht mehr in allem aktuell ist.

Die 3 Stufen der Evolution von >Kultur<

1) Großhirn: mit Sozialisation verbunden (z.B. Affen)
2) Die hominide Stufe (zwischen den Menschenaffen und der Humanevolution) mit Sprache und Technologie
3) Die humanevolutionäre Form mit ihrem Resultat Homo sapiens

Doch ist das biologische Leben auch schon vor der Großhirn-Stufe immer von einem aktiven *Verhältnis zur Umwelt bestimmt, was Biologie von Physik unterscheidet.*

Die erste direkte Grundlage der Evolution von Kultur verknüpft sich mit der Evolution der Großhirn-Anlage. Dieser Gehirn-Bereich entstand in der Funktion, die genetischen Verhaltens-Programme der jeweiligen biologischen Art um konkrete Erfahrungsbereiche ausdifferenzieren und erweitern zu können.

Insgesamt ist es die *Klasse* der >Säugetiere< (*Mammalia*) und innerhalb dieser Klasse im Besonderen die *Ordnung* der >Primaten<, die innerhalb der Tier-Welt am stärksten von der Evolution der Großhirn-Anlage bestimmt sind.

Zuletzt entsteht mit der Evolution von Sprache ein neuer Schub in der Großhirn-Entwicklung.

Diese Hintergründe und ihre Folgen sind inzwischen sehr gut verfolgbar, und dies bietet einigen Aufschluss über die evolutionären Prämissen der menschlichen Anlage und ihrer Disposition. Dies soll im Folgenden in den hier wichtigsten Grundzügen herausgearbeitet werden.

2.1 Zur Evolution des neurologischen Systems

Die Evolution des neurologischen Systems steht als Koordination der Zellen mit der evolutionären Entwicklung der Mehrzeller in Verbindung.

> „Die Entstehung von Nervenbahnen, die allein diese Aufgaben lösen können, ist auf dieser Entwicklungsstufe folglich eine elementare biologische Notwendigkeit gewesen. Der größte Vorteil des Prinzips der Vielzelligkeit, die Perfektionierung biologischer Leistungen durch die Entwicklung entsprechend spezialisierter Zellen, die schließlich zu bestimmten >Organen< zusammengefasst wurden, kann ohne die gleichzeitige Entwicklung eines Nervennetzes nicht genutzt werden. Der – eine unerhörte Neuheit – aus Zellen schließlich ganz unterschiedlicher Art zusammengesetzte Mehrzeller könnte keinen Augenblick überleben, wenn die sehr unterschiedlichen Funktionen seiner zahlreichen Bausteine nicht laufend aufeinander abgestimmt würden.
> Welche Formen biologischer Existenz auf dem damit erreichten Organisationsniveau immerhin schon möglich sind, zeigte *Hydra,* der Süßwasserpolyp. Hydra ist ein besonders ursprünglicher, primitiver Vertreter der Mehrzeller des [*genannten*] Entwicklungsstadiums [...]. Sie ist kaum mehr als ein 1 – 2 cm langer Schlauch, dessen Wandung aus einer doppelten Zellschicht besteht, und der auf der einen Seite in einer >Fußplatte< endet, auf der anderen dagegen mit einem >Mund< versehen ist, den 6 – 10 Tentakel umgeben. [...]
> Und doch steckt in Hydra schon der Keim für alles Kommende.“ [4]

Diese evolutionäre Entwicklung des Nervensystems lässt sich *in gewisser Weise* mit der Entwicklung zum Computer vergleichen. Sie beginnt in Form einer Weiche bei den Bahngleisen.

---

[4] Hoimar v. Ditfurth: Der Geist fiel nicht vom Himmel, S. 66 - 69

Mit der Stellung der Weiche können die Impulse in verschiedene Richtungen weitergeleitet werden. Die Entstehung der Schaltkreise beginnt mit einem Relais, wo die Stellung der Weichen selbst schon aufgrund eines (elektromagnetischen) Impulses bestimmt wird. Die Entwicklung des Computers besteht in einer immer größeren Kopplung von Relais (Hardware) und Schaltkreisen, deren innere Logik dann die Software ergibt.

Zu der Entwicklung des Nervensystems:

> „Die erste Stufe [*der Entwicklung der Nervensysteme*] ist ein einfaches >Nervennetz<. Die bloße Form seines Musters zeigt, dass es hier keine Hierarchie geben kann, sondern nur >Gleichschaltung<. Ein symmetrischer Schaltplan schließt die Möglichkeit von Aktionen aus, die einen unterschiedlichen Einsatz verschiedener Teile des Organismus erfordern. […]
>
> Schon bei den Würmern [*Abb. rechts*] sieht die Sache anders aus. Das typische >Strickleitersystem< ist in seiner bilateralen Symmetrie und der ständigen Wiederholung der gleichen Schaltelemente zwar auch nicht mehr als die Widerspiegelung des ebenso monotonen Baus seines Trägers, also etwa des Regenwurms. Aber hier gibt es am vorderen Ende doch schon eine kleine Ansammlung von Ganglienzellen: […] die erste, noch knospenartige Andeutung einer übergeordneten Zentrale und damit die erste Chance eines, wenn auch noch primitiven Programms.“ [5]

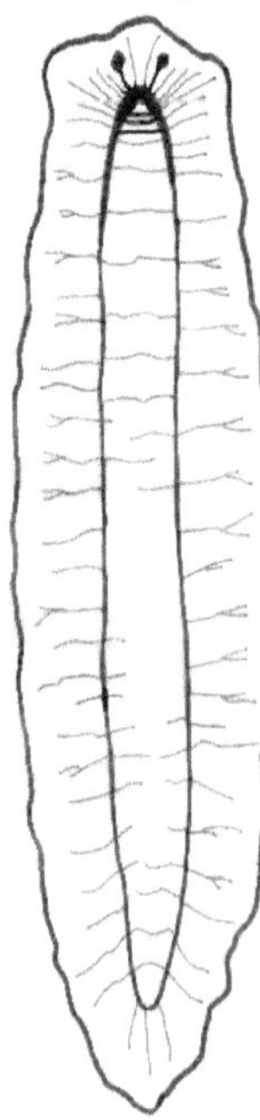

[Nachzeichnung ebd.]

[5] Hoimar v. Ditfurth: Der Geist fiel nicht vom Himmel, S. 77 f.

Die Nervenbahnen lassen sich in gewisser Weise mit Stromkabeln vergleichen. Ihre Funktion besteht genau wie bei den Drähten darin, die Steuerungsimpulse gezielt von dem einen Ort zu einem oder mehreren anderen im Körper zu leiten.

Diese Nervenbahnen laufen zu Schaltstellen, die die Impulse in die eine oder in die andere Richtung weitergeben und hierbei ggf. auch verstärken, schwächen oder auch stoppen. Bei der Übertragung der Impulse an den Schaltstellen spielen hormonelle Prozesse eine Rolle.

> „Die im Zwischenhirn gespeicherten Verhaltensprogramme sind in einer zum Teil recht komplizierten Weise von der Funktion der darunter liegenden vegetativen Programme abhängig.“ Ditfurth: Der Geist, S. 151

Die hormonellen Prozesse sind in der Tat die evolutionär älteste Form des neurologischen Systems, zu dem mit dem körperlichen Wachstum der Mehrzeller die Nervenbahnen und dann auf der nächsten Stufe ein Koordinationszentrum der Impulse hinzukommen. Hierbei wird die hormonelle Produktion selbst zum Bestandteil der neurologischen Aktivität, auf die auch durch sein Bewusstsein und seine Art zu leben eingewirkt wird.

Aus diesem nervlichen Koordinationszentrum, dessen Ansatz sich bereits bei den Würmern (s. Abb. oben) darstellt, erwächst in verschiedenen evolutionären Etappen das Gehirn.

Die erste evolutionäre Form von Gehirn ist der >**untere Hirnstamm**< als Form der Koordination der Nervenstrukturen. Bis zu dieser Ebene kann das Lebewesen allein auf Reize reagieren, die *unmittelbar* den Organismus berühren. Auf dieser Grundlage des >unteren Hirnstamm< baut die Evolution des >Reptilien-Gehirns< mit den Verhaltens-Programmen auf und darüber zuletzt die Evolution des Großhirn- oder kortikalen Bereich auf (s. die Zeichnung des menschlichen Gehirns, das alle diese Bereiche umfasst).

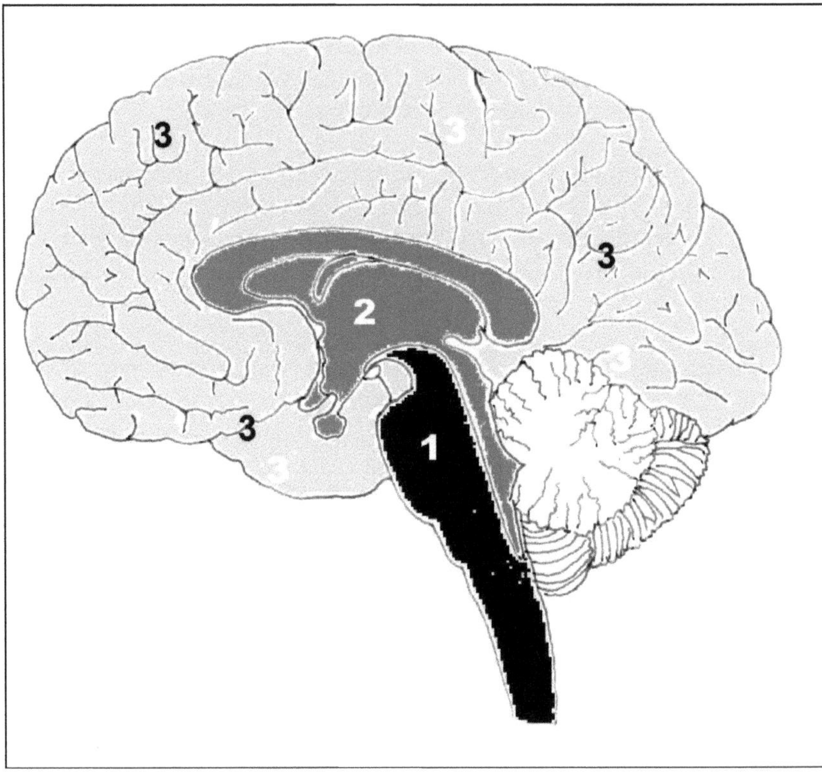

Menschliches Gehirn mit den drei grundlegenden evolutionären Stufen: **1** >unterer Hirnstamm< (schwarz), **2** >Zwischenhirn< (dunkel) *und* **3** >Großhirn< (hellgrau) [6]

„Was in unseren Träumen tanzt, ist das Zwischenhirn. Wenn unser Bewusstsein im Schlaf erlischt, ist es von der Dominanz des Großhirns vorübergehend befreit.“ [7]

---

[6] Nachzeichnung nach: Hoimar v. Ditfurth: Der Geist, S. 18 f., 84 f. , 226 f.

[7] Hoimar v. Ditfurth: Der Geist, S. 188

2.2 Das Zwischenhirn – der Ort der Verhaltens-Programme

„*Wenn wir die Rolle des Zwischenhirns vereinfacht als die eines Programmspeichers für Verhaltensmuster betrachten* [...]“

Hoimar v. Ditfurth: Der Geist, S. 149

In Verbindung mit der evolutionären Entwicklung der höheren Sinnes-Organe wie z.B. Augen und Ohren kommt es zu einer Weiterentwicklung des >unteren Hirnstamms<, das aus der *menschlichen Perspektive* als >**Zwischenhirn**< bezeichnet wird. Es wird auch >**Reptiliengehirn**< genannt, da sich diese evolutionäre Stufe vor der Großhirn-Entwicklung besonders eindrucksvoll bei den Reptilien zeigt.

Mit der Anlage dieses >Zwischenhirns< können nun auch die Reize von Licht und Geräuschen als optische und akustische Signale (in Verbindung mit der Entwicklung von >Augen< und >Ohren<) für **Verhaltens**-Reaktionen erschlossen werden. Damit ist eine entscheidend höhere Komplexität in der evolutionären Entwicklung der Tier-Arten verbunden.

Zu der Ebene des >unteren Hirnstamms< gehören die Empfindungen im Mund sowie, dass wir nervlich negativ auf Rauchgase, Schläge, eine Berührung mit Feuer usw. reagieren. Demgegenüber ermöglicht das >Zwischenhirn<, akustische und optische Anhalte auch aus Entfernung zur Erkennung von Erwünschtem (wie Nahrung, Geschlechtspartnern) oder von Unerwünschtem und Gefahren (wie Fressfeinden) zu nutzen und mit einem entsprechenden Verhalten darauf zu reagieren. Mit diesen im Grundlegenden angeborenen Standards an Verhalten entstehen entsprechende über den >unteren Hirnstamm< hinausgehende Entwicklungen von Nervenbahnen, aus denen das >Zwischenhirn< erwächst.

In der weiteren evolutionären Entwicklung einer jeweiligen Art werden diese als >Zwischenhirn< angelegten Nervenstrukturen als Ausdruck der erfolgreichen Verhaltensformen ganz entsprechend anderer körperlichen Entwicklungen wie die Augen und die Formen der Beine in der genetischen Anlage vererbt. Hiermit verknüpft sich der Schritt von den >Reflexen< zu den >Instinkten< als angeborenen Verhaltensmustern.

> „Der Vorteil dieser Situation besteht darin, dass allen Anforderungen und Aufgaben mit Verhaltensrezepten begegnet werden kann, die nicht bloß von einem einzelnen, sondern von den unzähligen Mitgliedern Hunderter und Tausender von Generationen der eigenen Art auf ihre Brauchbarkeit durchprobiert worden sind.“ (Ditfurth: Der Geist, S. 191)

Als diese **Verhaltensprogramme** lassen sich insgesamt „Futter- oder Beutesuche, Körperpflege und Verteidigungsreaktionen, den sexuellen Verhaltensbereich und die Brutpflege“ sowie die >Rekreation< (Ruhen/Schlafen) ausmachen, „wobei bei einzelnen Arten noch spezielle Leistungen – Beispiel: Zugvogelorientierung – hinzukommen mögen.“ (Ditfurth: Der Geist, S. 143). Die Anzahl der eigentlichen >Verhaltensprogramme< ist also durchaus sehr begrenzt.

Diese Entwicklung war evolutionär zunächst der große Erfolg, lange auch gegenüber dem weiteren evolutionären Schritt zur Großhirn-Anlage. Die genetisch mit den Nervenstrukturen vererbte >Erfahrung< ersparte dem Nachwuchs lange Sozialisations-Entwicklungen. Denn mit ihr war die große Gefahr verbunden, mangels hinreichender Erfahrung leicht zum Opfer zu werden. Hingegen >weiß< eine frisch aus dem Ei geschlüpfte Wasserschildkröte auf Anhieb ins Meer zu laufen, dort zu schwimmen und sich ernähren. Das Wachstum der Zwischenhirn-Tiere zur Erwachsenen-Stufe ist wesentlich ein rein körperlicher Prozess und vollzieht sich von daher erheblich schneller als bei den Großhirn-Wesen. Entsprechend kam es in der Länge der Evolution auch zu den enormen Größen der Dinosaurier, und so bestimmten die Zwischenhirn-Tiere die Fauna bis zu der gigantischen Naturkatastrophe vor 66 Mio. Jahre, die alle größeren Tiere über 25 kg wie insbesondere die Dinosaurier auslöschte.

In den großen Zeiträumen der Geschichte unseres Planeten war bis zu dem Ende der Dinosaurier die Zwischenhirn-Gesamtanlage in der Fauna die erfolgreichste Form. Die erheblich aufwendigere Großhirn-Anlage vermochte sich bis dahin lediglich in kleinen Restbeständen der Natur zu behaupten, für die die Zwischenhirn-Gesamtanlage zu unkomplex war.

Evolutionär hatte die Zwischenhirn-Gesamtanlage nur ein einziges grundsätzliches Problem, das freilich am Ende des Erdmittelalters vor 66 Mio. Jahren von Effekt werden sollte:

> „[...] die tödliche Gefahr dieser gleichen Situation ergibt sich daraus, dass diese so überaus sorgfältig getesteten Rezepte [*der genetischen Verhaltenssteuerung im Zwischenhirn*] in dem gleichen Augenblick wertlos werden, in dem sich die Umweltbedingungen ändern, auf die sie mit solcher Sorgfalt – und dem entsprechenden Zeitaufwand – zugeschnitten worden sind. Für dieses doppelte Gesicht der vom Instinkt bewirkten Einordnung in die Umwelt gibt es eine ganze Reihe zum Teil dramatischer Beispiele. [...].“ [8]

> „Ein Lebewesen, das über das Niveau des reinen Zwischenhirndaseins hinausgelangt und damit des individuellen Sammelns von Erfahrungen fähig geworden ist – wir nennen das gewöhnlich >lernen< -, kann unter Umständen innerhalb von Sekunden aus einer einzigen Erfahrung anpassende Konsequenzen für sein zukünftiges Verhalten ziehen. Die Art dagegen lernt innerhalb von Zeiträumen, die sich nach Jahrzehntausenden bemessen.“ [9]

---

[8] Hoimar v. Ditfurth: Der Geist, S. 191

[9] Hoimar v. Ditfurth: Der Geist, S. 146

2.3 Die evolutionäre Konzeption der Großhirn-Funktion

Wir sehen, dass die Großhirn-Evolution sowohl ihre Gründe als auch ihre höchst bedeutsamen Vorteile hat.

Doch wäre es naiv zu meinen: je mehr Großhirn, desto schlauer und desto überlebensfähiger. Dies ist eine effektiv mythologische Vorstellung. In dieser Form lässt sich die Humanevolution **nicht** begreifen (und noch weniger, wie auch immer noch vertreten wird, dass dies auf den höheren Fleischkonsum zurückginge).

Der Großhirn-Bereich bedeutet jedoch gerade nicht, mit mehr Intelligenz geboren zu werden. In gewisser Weise ist das Gegenteil der Fall. Die angeborene Intelligenz verknüpft sich mit dem Zwischenhirn-Bereich. Doch wird selbst diese angeborene Intelligenz des Zwischenhirn-Bereichs mit dem Ausmaß an Großhirn *relativiert*. Genau daraus resultiert jedoch bei uns Homo sapiens die Möglichkeit, bei entsprechend geeigneten Übungen sein Verhalten selbst bestimmen zu lernen.

Dieser Großhirn-Bereich stellt lediglich neurologisches *Potential* zur *Entwicklung* von Intelligenz zur Verfügung. Ganz entsprechend ist die Evolution des Großhirns mit einer Verlängerung der Kindheiten und einem entsprechenden >Spieltrieb< verbunden. Die >Erfahrungen< und Aktivitäten in der Kindheit (>Sozialisation<) prägen im Verlauf der Sozialisation die neurologischen Strukturen im Großhirn-Bereich (Myelinisierung, Verknüpfungen der Nervenbahnen usw.). Sie werden damit zum Bestandteil der neurologischen Anlage in Hinsicht auf Knowhow und das Verhalten.

Auf den unteren evolutionären Ebenen der Großhirn-Anlage geht es vor allem um die Anpassung an seine ganz konkreten

Umwelt-Verhältnisse. Hierdurch wird das Verhalten erheblich präziser als die allgemein genetisch vererbte Erfahrung einer Art. Dies ist vor allem bei den geologischen Umbrüchen der große Vorteil.

Dem steht als grundsätzlicher Nachteil dieser Großhirn-Anlage die Länge der Kindheiten gegenüber, die zu versorgen und auch zu beschützen sind. Bis zum Ende der Dinosaurier vor ca. 66 Mio. Jahren stellten die Großhirn-Tiere von daher nur einen kleinen Randbereich in der Fauna. Sie vermochten lediglich die Reste nutzen, wo die angeborene Intelligenz zu unkomplex war. Es gab die Großhirn-Tiere bis dahin auch nur in kleinwüchsiger Form in der Art von Mäusen und Hörnchen. Da sie als Warmblüter einen Vorteil bei kühlen und kalten Temperaturen hatten, waren sie zudem wesentlich nachaktiv.

Auf den höheren Ebenen der Großhirn-Evolution erhält ihre Lern-Anlage eine zunehmend komplexere Funktion. Mehr und mehr geht ihre Wirkung über die bloße Anpassung an die konkret gegebenen Umwelt-Bezüge hinaus. Mehr und mehr umfasst diese Entwicklung in Nachahmung das Verhalten der Erwachsenen, und mehr und mehr verschiebt sich die entscheidende Dimension der Lern-Erfahrung von den Umwelt-Bezügen (Nahrung, Schutz vor Feinden) auf das Soziale. Diese Entwicklung betrifft vor allem die Evolution der Primaten, die gleich aufgenommen werden soll.

Der Bezeichnung >Installation< für den Sozialisations-Prozess der Großhirn-Anlage trifft im Eigentlichen erst die Entwicklungen auf den höheren Großhirn-Stufen. Auf jeden Fall beginnt spätestens auf der Stufe der Menschenaffen auch ein gezieltes *Lehren* des Nachwuchses. Bis dahin sind die Lern-Prozesse der Großhirn-Anlage wesentlich Automatismen, nur nicht in Form einer genetischen Fixierung, sondern als neurologische Effekte des Spieltriebs. Selbst beim Menschen vollzieht sich die >Sozialisierung< wesentlich vor-bewusst, und echte Bewusstheit - die erst nach der Pubertät möglich wird - muss *gezielt* erworben (>erarbeitet<) werden. Sonst meint man aufgrund des Sprachlichen lediglich, bewusst zu sein und sich selbst zu steuern.

Eine völlig neuartige Dimension von >Installation< als einer Form der Sozialisation beginnt mit der Evolution von Sprache und endgültig auf der neurologischen Stufe des Homo sapiens. Mit dem Erwerb von Sprache wird in der Sozialisation schon früh ein Paket an kulturellen >Programmen< installiert, das nicht bloß Wörter und praktische Erfahrungen umfasst, sondern auch die gesamte neurologische Anlage mit >Einstellung, Verhaltensausrichtung< (Bewusstsein, z.B. Weltanschauung usw.). Daraus erwächst der Sachverhalt >Kultur< und auf den grundlegenden Ebenen der entsprechende Gegenstand der Kulturologie.

2.3.1 Zur Verschränkung der genetischen Anlage und der Lern-Entwicklung

Die Großhirn-Anlage bedeutet in ihrer Funktionslogik eine Verschränkung der genetischen Anlage und der Prozesse der Lern-Entwicklung.

Diese Verschränkung der genetischen Anlage und von Lern-Entwicklungen wird an dem folgenden Beispiel ersichtlich:

> „Während er [*der englische Zoologe W.H. Thorpe*] das täglich wiederholte, lernten seine Vögel tatsächlich. Auch das ist nicht überraschend. Bemerkenswert war jedoch der Umstand, dass die Finken sich bei jedem dieser Versuche aus dem Angebot mit unfehlbarer Sicherheit den >echten< Buchfinkengesang heraussuchten. Nur ihn nahmen sie zum Vorbild. Die übrigen Beispiele wurden von ihnen ignoriert.
> Damit war eine Art der Verschränkung von Instinkt und Lernfähigkeit nachgewiesen, von der man bis dahin noch nichts gewusst hatte. Den Buchfinken war, anders ließ sich das Resultat nicht deuten, die Fähigkeit angeboren, *etwas ganz Bestimmtes lernen zu können.* [...]

> Diese sehr erstaunliche angeborene Fähigkeit zu selektivem Lernen ist inzwischen bei vielen verschiedenen Arten in Bezug auf ganz verschiedene Leistungen nachgewiesen und gesichert.“ [10]

Diese Verschränkung der genetischen Anlage und der Lern-Entwicklung besteht auch immer noch beim Menschen, wenn auch erheblich komplexer. Doch ist etwa die Pubertät als solche nicht auf Erziehung und Lernen zurückzuführen, sondern auf die auch bei uns bestehende genetische Anlage - die freilich von ihrer Anlage her mit der Pubertät auf die Aneignung der Selbststeuerung hinausläuft. Wo die Emanzipation zur Selbststeuerung (als *effektive* Ablösung vom Über-Ich) nicht vollzogen wird, übernehmen dazu biologisch nicht qualifizierte Verhaltens-Impulse das Steuer. Dies wird wohl wesentlich durch autoritäre Vorgaben und eine Manipulation durch ein System von >Lohn + Strafe< in Bahnen gehalten. Doch kann dies den Ausfall der wirklichen Verhaltenssteuerung nicht zureichend kompensieren. Das soziale Scheitern ist unter solchen Gegebenheiten nur eine Frage der Zeit.

---

[10] Hoimar v. Ditfurth: Der Geist, S. 198

Die Linie der **Primaten** zum >**Menschen**< ist **fett** gezeichnet

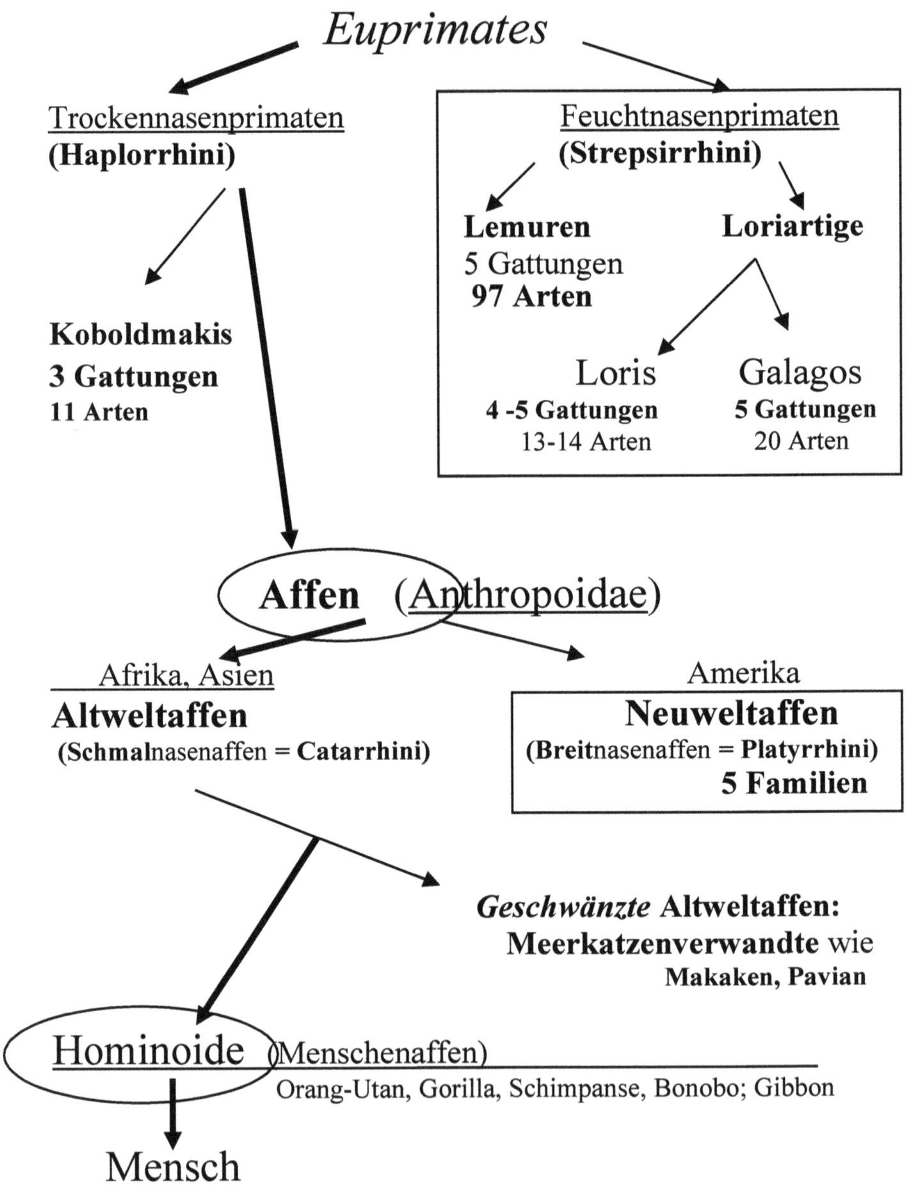

2.4 Zur Evolution der Primaten

Die Anfänge der Evolution des Großhirns liegen schon recht früh:

> „Oben auf dem Hirnstamm begann ein kleines Gebilde hervor zu sprießen, das bei den Fischen noch fast ausschließlich dem Geruchssinn diente. Während seiner weiteren Entwicklung wuchs es dann aber zu unerwarteter Größe heran. Erstmals bei den Halbaffen war es so groß geworden, dass es als >Großhirn< alle übrigen Teile des Organs einhüllte, deren Funktionen es gleichzeitig mehr und mehr übergeordnet wurde.“ [11]
>
> (s. Abb. S. → 33)

Eine schon höhere Entwicklungsstufe des kortikalen Bereichs verknüpft sich mit der Evolution der Säugetiere. Innerhalb dieser >Klasse< der >Säugetiere< (*Mammalia*) kommt es relativ spät zu der Ausprägung der (*Ordnung*) >Primaten<, vielleicht vor etwa 70 Mio. Jahren, nach manchen Schätzungen auch schon vor 90 Mio. Jahren.

Die besondere evolutionäre Ausprägung zu den Primaten scheint aus der Ausrichtung auf besonders komplexe Verhältnisse entstanden zu sein, wo die Großhirn-Anlage einen besonderen Vorteil bedeutete. Von dort her scheint bei den Primaten auch die Tendenz bestanden zu haben, auf evolutionäre Krisen – die sich insbesondere mit geologischen Umbrüchen verknüpfen -, mit einem weiteren Schub an Großhirn zu reagieren.

[11] Hoimar v. Ditfurth: Im Anfang war der Wasserstoff, S. 323

Diese evolutionären Großhirn-Schübe sind mit verschiedenen Konsequenzen verbunden. Das Ausmaß dieser Konsequenzen wird in dem Vergleich zu den ursprünglich evolutionär besonders verwandten Mäuseartigen ersichtlich:

> „Viele Arten [*der Nagetiere*], etwa die Mäuseverwandten, sind durch eine ausgesprochen hohe Fertilität gekennzeichnet (r-Strategie). Das Weibchen kann mehrmals im Jahr Nachwuchs zur Welt bringen, die Trächtigkeitsdauer ist kurz und die Wurfgröße hoch. Die Neugeborenen sind Nesthocker, oft unbehaart und hilflos, wachsen aber sehr schnell und erreichen binnen Wochen oder Monaten die Geschlechtsreife. So haben manche Hamsterarten mit nur 16 Tagen die kürzeste Tragzeit aller Plazentatiere und sind bereits mit sieben bis acht Wochen geschlechtsreif. Vielzitzenmäuse haben bis zu 24 Zitzen und Nacktmulle können bis zu 27 Neugeborene pro Wurf austragen."
>
> (Wikipedia: *Nagetiere. Fortpflanzung.* 6.3.19, 4.07)

Die >Hausmaus< „wirft bis zu acht Mal jährlich mit durchschnittlich 3 – 8 Jungen." „Die Tragezeit beträgt etwa drei Wochen." Etwa ebenso lange werden die Jungen gesäugt, im Alter von sechs Wochen sind sie geschlechtsreif. „Als zuchtreif gelten sie ab der achten Woche."

(Wikipedia: *Hausmaus. Fortpflanzung.* 6.3.19, 4:18)

> Viele Verluste durch Fressfeinde, Lebenserwartung durchschnittlich 2 – 3 Jahre

Demgegenüber ist in Bezug auf die Primaten *allgemein* festzustellen (Merkmale der [Eu-] Primaten mit über 400 Arten):

- „Die Weibchen haben geringe Wurfgrößen. Schwangerschaft und Abstillen dauern länger als bei anderen Säugetieren vergleichbarer Größe."

- „Die Gehirne sind verhältnismäßig größer als bei anderen Säugetieren und weisen einige einzigartige anatomische Merkmale auf.“

> „Generell zeichnen sich Primaten durch eine lange Trächtigkeitsdauer, eine lange Entwicklungszeit der Jungen und eine eher hohe Lebenserwartung aus. Die Strategie dieser Tiere liegt darin, viel Zeit in die Aufzucht der Jungtiere zu investieren, dafür ist die Fortpflanzungsrate gering. Die kürzeste Tragzeit haben Katzenmakis mit rund 60 Tagen, bei den meisten Arten liegt sie zwischen 4 und 7 Monaten. Die längste Trächtigkeitsdauer haben der Mensch und die Gorillas mit rund 9 Monaten.
> Bei den meisten Arten überwiegen Einzelgeburten, und auch bei den Arten, die üblicherweise Mehrfachgeburten aufweisen (darunter Katzenmakis, Galagos und Krallenaffen), liegt die Wurfgröße selten über zwei oder drei Neugeborenen.“

(alles nach: Wikipedia: *Primaten.* 6.3.19, 3:24 Uhr)

Es ist jedoch eine irrige Annahme, dass die Evolution der Primaten besonders erfolgreich gewesen wäre. Diese Annahme verknüpfte sich ebenso wie die Benennung >Primaten< = >Herren-Tiere< an sich mit dem Menschen und der früheren >Fortschritts-Vorstellung<, die auch auf die Evolution zurückprojiziert wurde. Entsprechend sah man hier eine evolutionäre Treppe, auf der es Stufe für Stufe >aufwärts< ging. Doch davon kann weder historisch noch evolutionär so einfach die Rede sein. Auch die grundsätzlichen Einsichten der Evolutionsbiologie gehen in eine andere Richtung. Von dort her hätte die Rede von dem Menschen als >Mängel-Wesen< ihre Berechtigung. Doch trifft dies nicht die eigentliche Humanevolution, sondern vor allem die ihr vorausgehende evolutionäre Stufe der Hominiden. Diese hatte mit ihrer Evolution von technischer Intelligenz in der Tat evolutionär entstandene Notstandsprobleme zu bewältigen. Dies gelang ihr durchaus souverän, dass sie mit ihrer technologischen Intelligenz nach der Bewältigung der Notstandsprobleme sogar über den angestammten Kontinent Afrika hinauskam. Doch lag in dieser immer weiter zunehmenden Entwicklung auch der Grund für ihr Aussterben.

So ist von den bislang bestehenden gravierenden Fehleinschätzungen her hier noch einmal zu betonen, dass die ungeheure Naturkatastrophe vor 66 Mio. Jahren, die alle Tiere über 25 kg und damit insbesondere die Dinosaurier vernichtete, die Voraussetzung war. Erst mit diesem Ende des etwa 186 Mio. Jahre langen >**Erdmittelalters**< (*Mesozoikum*), das vermutlich aus dem Zusammenkommen eines riesigen Meteoriten-Einschlags und gigantischer Vulkan-Ausbrüche entstand, konnten sich mit der >**Erdneuzeit**< (*Känozoikum*) die Säugetiere mit ihrer Großhirn-Anlage an die Spitze der Tierwelt setzen.

> „Der Beginn des Zeitalters der Säugetiere [...] ist gekennzeichnet durch geologische Umwälzungen und klimatische Veränderungen [...]. Die kleinen Säugetiere, die fast hundert Millionen Jahre lang ängstlich und furchtsam über den Waldboden schnüffelten und Samen und Insekten suchten, ständig von gefräßigen Reptilien bedroht, hatten nun eine evolutionäre Chance.“ [12]

Hier hatten nun auch die Primaten eine Chance. Die Evolution der Primaten erklärt sich durch ihre spezielle Ausrichtung auf besonders komplizierte Naturgegebenheiten. Hier wurde die Entwicklung von besonderer Intelligenz von Vorteil. Diese Evolution hatte jedoch auch zur Folge, dass die Schwangerschaften, die Zeit des Säugens und der Kindheiten bis zur Geschlechtsreife immer länger wurden, sowie, dass es hier bald dahin kam, gemeinhin nur noch jeweils ein einziges Junges zu gebären, das dann auch in seiner Kindheit entsprechend intensiv betreut wurde.

Doch erweist sich diese Entwicklung (sieht man von der humanevolutionären Begründung des Homo sapiens ab) alles andere als der große souveräne Durchmarsch dieser Konzeption, son-

---

[12] R. E. Leakey & R. Lewin: Wie der Mensch zum Menschen wurde, S. 40

dern bei dieser Anlage weitgehend als die äußerste Konsequenz, dem Aussterben zu entgehen. Die meisten Primaten-Arten vor der Stufe der einfachen Affen (Anthropoide) kommen überhaupt nur noch auf Madagaskar vor. Hierbei ist etwa festzustellen:

> „Die Fortpflanzung der meisten Lemuren-Arten ist stark saisonal bestimmt und an die klimatischen Verhältnisse Madagaskars gekoppelt. Die meisten Geburten fallen in das Ende der Trockenzeit, in den Zeitraum September bis Dezember, sodass die Jungtiere ihre kritischen ersten Lebensmonate in der Zeit des größten Nahrungsangebotes verbringen können. Je nach Länge der Regenzeit kann es bei manchen Arten etwa im Februar zu einem zweiten Geburtenhöhepunkt kommen. Die Saisonalität der Fortpflanzung ist so stark, dass bei manchen Arten, etwa einigen Mausmakis, die Weibchen nur für wenige Stunden innerhalb eines Jahres empfängnisbereit sind.“
>
> (Wikipedia: *Lemuren.* 6.3.19, 3:33)

Die evolutionäre Entwicklung der Primaten erklärt sich nicht (in dem gängigen Sinn) durch den zunehmenden Erfolg ihrer besonderen Intelligenz. Die Entwicklung des Großhirns hat in ihren evolutionären Schüben vielmehr ausschließlich evolutionäre Notstandsprobleme zur Ursache (insbesondere in geologischen Umbrüchen), wo es nun noch mehr an Großhirn brauchte, um dem Aussterben zu entkommen. Dies sieht die Idee des >Mängel-Wesens< so weit richtig – nur lässt sich dies nicht auf die Humanevolution beziehen. Im Gegensatz zu den gängigen Vorstellungen verknüpft sich die humanevolutionäre Entwicklung nicht mit einem Gehirnwachstum – dabei handelt es sich vielmehr um die vorausgehende Stufe der Hominiden.

Das evolutionäre Wachstum des Großhirn-Bereichs steht nicht direkt mit einer Zunahme an Intelligenz, sondern von Anfang an mit höheren Ansprüchen in Bezug auf ein Überleben in Verbindung. Das enthält wohl ein Potential an mehr Intelligenz - wie es die Menschen im humanevolutionären Prozess nutzten, doch gilt dies ausschließlich in Verbindung mit Sprache und *kulturel-*

ler Intelligenz. Die Großhirn-Schübe selbst waren Ausdruck dessen, dass es mehr an Intelligenz brauchte, um zu überleben, und sie gingen in etwa mit einer Verdopplung der Länge der Kindheiten einher – die zu sichern es dieser Intelligenz brauchte. Dass diese Schübe durchweg mit geologischen Umbrüchen in Verbindung standen, ist hier sprechend. Denn in diesem Kontext war ein höheres Intelligenz-Potential von *effektivem* Vorteil. Im Allgemeinen belegt sich die höhere Großhirn-Anlage jedoch wegen der Rückwirkung der Verlängerung der Kindheiten eher als Problem. Erst die humanevolutionäre Entwicklung lernte dieses Potential *effektiv* nutzen. Die meisten höheren Zweige der Primaten-Evolution verfielen hingegen dem Aussterben.

Auch das Aufkommen der Stufe der >Hominoiden< (Menschenaffen) steht mit einem – sogar besonders fundamentalen - geologischen Umbruch vor ca. 23 Mio. Jahren in Verbindung, nämlich von dem Paläogen auf das Neogen, worin die Geologie heute das frühere >Tertiär< aufteilt. Doch belegt sich diese höhere Großhirn-Entwicklung der Hominoiden eher als Fehlschlag:

> „Heute übertreffen die niederen Affen die Menschenaffen um das Zehnfache an Arten. Als besonders auffälliges Merkmal lässt sich bei diesem Evolutionsverlauf erkennen, dass vor 20 Mio. Jahren genau umgekehrte Verhältnisse vorlagen.“ [13]

Von den Menschenaffen stehen die Orang Utans und die Gorillas mit nur wenigen Tausend Individuen in dichter Nähe zum Aussterben. Die Zahl der „Gemeinen“ Schimpansen und der mit ihnen eng verwandten Bonobos wurde vor etlichen Jahren auf grob 250.000 geschätzt. Nach den aktuellen Angaben in dem Wikipedia-Artikel >Schimpansen< gibt es jedoch keine „zuverlässige Schätzungen über die Populationsgröße beider Arten“, und auch diese beiden Arten werden inzwischen als „stark gefährdet“ gelistet. [14]

---

[13] Roger Lewin: Spuren der Menschwerdung, S. 47

[14] Wikipedia: Schimpansen. 21.4.21, 17:14

Überblick Hominoide >> Menschen

nach der in diesem Buch vertretenen Auffassung

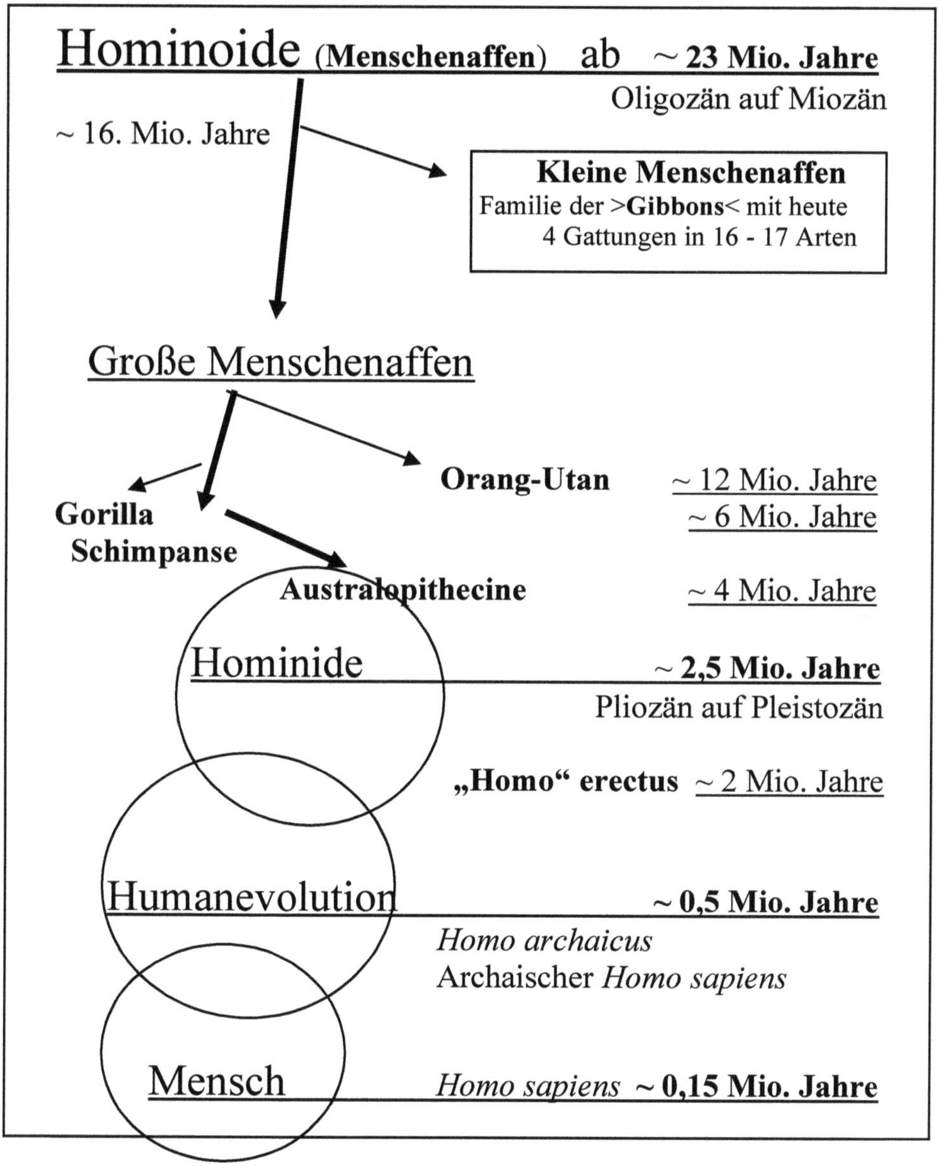

Eine Entwicklungsreihe der Ausgangsformen des chinesischen Schriftzeichens für >Schildkröte<:

Dazu:
„Bei vielen antiken Völkern symbolisiert sie das Universum. Dabei ruht die Welt auf dem Schild einer oder mehrerer auf dem Wasser schwimmenden Schildkröten. […]“ [15]

[15] Edoardo Fazzioli: Gemalte Wörter, S. 161. Dort auch die Zeichen

2.5 Zur Evolution von Sprache

Die Evolution von Sprache ist die Grundlage für den humanevolutionären Prozess der Entwicklung von Kultur als der Software-Struktur des Menschen.

Man könnte sagen: mit der Evolution von Sprache beginnt die biologische Entwicklung von Software. Mit >Sprache< wird ein äußeres und auch selbst geschaffenes Moment zum Bestandteil der neurologischen Funktions-Anlage.

Mit ihr kommt es zu einer neuen Dimension sowohl in Bezug auf die Nutzbarkeit der Großhirn-Anlage als auch infolge der mit Sprache verbundenen >Memen< (Informationen und Erfahrungs-Momente) in Bezug auf die Lern-Entwicklung. Mit den Wörtern speichert sich ein Verstehen bzgl. der damit verbundenen Funktionen und Gegebenheiten an, das sich durch Kommunikation potenziert. Bestehen erst einmal gewisse Grundlagen, kann dieses Knowhow auch über Informationen jenseits eigener Erfahrungen erweitert werden, wie nun auch die Möglichkeit von Planungen aufkommt. Alles in allem: hier entsteht – modern formuliert – der Komplex von Dienstleistung und Produktion, wie es sich in den Steinwerkzeugen belegt.

Auf dieser Grundlage kommt es in der humanevolutionären Entwicklung nun auch zu einer Lern-Entwicklung bzgl. seines Verhaltens und der Gestaltung seiner Beziehungs- und Sozialverhältnisse. Damit verknüpft sich die Entwicklung von Kultur als der diesbezüglichen Software, was bei effektiven Vorteilen evolutionär mit Veränderungen in der Hardware einhergeht. Kurz vor unserer Art Homo sapiens war diese Software so weit ausgereift, dass sich in dieser Folge nun allgemein die genetische Anlage der kulturalen Hardware durchsetzt, mit der sich diese Software >Kultur< am besten nutzen lässt. Dessen Ergebnis ist unsere Art Homo sapiens.

In diesem Prozess geht die Weiterentwicklung von Sprache über die unmittelbaren Bereiche Wissen und Kommunikation hinaus. Im humanevolutionären Bereich wird Sprache zu einem Medium der Verhaltenssteuerung von Individuum und Sozialverband. Hierbei wird Sprache in ihren Funktionen für die Verhaltenssteuerung insgesamt auch zu dem Betriebssystem, das der Säugling von klein auf an in dafür zubereiteten Bildern, Geschichten und Wörtern mit der Adaption von Sprache in seiner Neurologie installiert. Exakt dies zeigt sich auch in der außergewöhnlichen Sprachtechnik der ursprünglichen Sprache des Homo sapiens (s.u.), die (nach den durchaus vielfältigen Anhalten in verschiedenen weiteren Traditionsformen wie selbst noch im Vokabular des Deutschen) bis zum Ende der Eiszeit allgemein in Gebrauch war.

Es war diese Funktion der humanevolutionär entwickelten Sprachform des Homo sapiens, die als Betriebssystem das zentrale und tragende Moment der humanevolutionär entwickelten Kultur des Homo sapiens stellte. Die obere Ebene in der Anwendungs-Software und deren Gebrauch konnte sich wohl verändern. Doch der Bereich von Sprache auf der Betriebssystem-Ebene war das stabile Gerüst bei all den Veränderungen in den Wechseln der Natur und der Wanderungsbewegungen über die Jahrzehntausende. Die komplexe Anlage der ursprünglichen Sprache des Homo sapiens erklärt sich m.E. allein durch einen langen evolutionären Prozess in direkter Verbindung mit der Entwicklung von Kultur. Darin lag auch der Grund, warum es bis zum Ende der Eiszeit nicht zu einer *substanziellen* Veränderung der paläolithischen Kultur des Homo sapiens kam. Doch genau dies wurde am Ende der Eiszeit zu dem Problem. Für die historisch aufkommenden neuen Entwicklungen brauchte es auch einer neuen Sprach-Anlage. Diese wurde mit der Mesolithischen Revolution geschaffen, und sie verbreitete sich mit diesen Neuentwicklungen über die Welt, wie es sich in manchen Verbindungen zwischen den Sprachfamilien zeigt.

2.5.1 Sprache als neurologische Funktion

Schon bei den Affen findet sich:

> „Sie verfügen über ein hoch entwickeltes Lautsystem zur Verständigung. Die in der afrikanischen Savanne lebenden Grünen Meerkatzen beispielsweise verwenden je nach Gefahrenquelle verschiedene Alarmrufe: Erspäht ein Affe einen Leoparden, so stößt er einen bellenden Laut, der die ganze Horde veranlasst, in den Schutz der Bäume zu fliehen; vor Schlangen warnt ein schnalzender Laut, bei dessen Ertönen alle Affen beginnen, auf Zehenspitzen stehend, das hohe Gras in ihrer Umgebung zu durchmustern. Daneben gibt es noch ein raues Kreischen, das vor Gefahr aus der Luft warnt, etwa vor einem Adler. Bei diesem Klang flüchten die Affen von den ungeschützten oberen Ästen eines Baumes weiter nach unten. Jede Bedrohung ruft einen ganz besonderen Warnschrei hervor, der wiederum die jeweils angemessene Reaktion auslöst.“ [16]

> „Schimpansen produzieren Vokale, die denen unserer e-, a(ou-), u-Laute ähnlich sind (kein i jedoch); sie bilden Nasale wie m, ng; Konsonanten wie g(h), k(h), K(h)x und das ejektive kx’(k’). Ihre Verteilung (also ihre Häufigkeit, nicht ihre Verknüpfungs- oder Folgeformen) auf Situationen der Freude beim Finden von Nahrung, der Warnung bei Gefahr, bei der Begrüßung der Geschwister, des Kontakthaltens, des Schmerzes und anderes ist untersucht worden (Hockett 1973). Die Zuordnung von Situationen aus der Lautbildung heraus ist in der großen Mehrzahl ziemlich eindeutig möglich.“ [17]

Üblicherweise wird die Evolution von Sprache bis in die Wissenschaft hinein als Schritt von dieser Kommunikation mit Lau-

---

[16] John McCrone: Als der Affe sprechen lernte, S. 154 f.
[17] Friedhart Klix: Erwachendes Denken, S. 134

ten hin zu Wörtern gedacht. Doch erscheint diese Vorstellung von den neurologischen Gegebenheiten als kurzschlüssig. Denn der grundlegende Unterschied zwischen den ursprünglichen Lauten und unseren Wörtern liegt nicht eigentlich im akustischen Bereich, sondern in der mit ihnen verbundenen neurologischen Struktur.

> „Gehirnuntersuchungen an Rhesusaffen schienen diese Sichtweise ebenfalls zu stützen: Sie ergaben, dass die Lautäußerungen dieser Tiere nicht vom Neokortex gesteuert werden – also von der Großhirnrinde, die die meisten intellektuellen Prozesse lenkt -, sondern vom sog. Limbischen System, das mehr für den Gefühls- und Instinktbereich zuständig ist.“ [18]

Die Evolution von Sprache erklärt sich **primär nicht** eigentlich als Entwicklung von Kommunikation, sondern vielmehr als eine neurologische Steuerungsfunktion. Offenbar vollzog sich der Schritt zur Evolution der Sprache vielmehr in der **Umkehrung** des Laut-Gebrauchs: **vom Signal an andere zum Dialog im Selbst-Verhältnis (>Denken<)** (was sich freilich auch im *Monolog* verfahren kann). Daraus entstand die Evolution einer völlig neuen Art der Funktion des Gehirns mit neuen Nervenstrukturen. Erst auf dieser neuen Grundlage entstand ***dann*** auch eine *qualitativ* neuartige Form der Kommunikation und also auch an Sozialleben.

Es ist **dieser Schritt**, der in verschiedener Form auch die neurologische **Voraussetzung** zum systematischen Werkzeuggebrauch und einer neuartigen Geschicklichkeit, hier insbesondere in der Handfertigkeit darstellt.

Wohl setzt der Schritt zum Gebrauch von Mitteln nicht per se höheres Denken voraus, und er findet sich auch bereits früher in der Tier-Welt. Dieser Einsatz von Mitteln kann in >instinktiver< Erkenntnis erfolgen oder in Nachahmung tradiert werden, sogar

---

[18] Martin Kuckenburg: Wer sprach das erste Wort? S. 31

bis dahin, dass bestimmte Verhaltensformen auf die Dauer zur genetischen Ausstattung werden.

Auch ist eine bestimmte Geschicklichkeit nicht an sich vom höheren Denken abhängig. Es gibt Fertigkeiten, die genetisch angelegt sind oder in der Nähe der genetischen Möglichkeiten liegen, dass sie bei etwas Probieren dann „plötzlich“ funktionieren. Das gilt etwa für das Radfahren (im Gleichgewichts-Balancieren) oder auch für das Schwimmen.

Doch demgegenüber ist das Erlernen eines Musikinstrumentes oder des Tippens etwas entscheidend Anderes. Dieses Erlernen ist aufgrund seiner komplexen Präzision zunächst lange von einer genauen >geistigen< Kontrolle abhängig, bis die Bewegungen durch ständiges Wiederholen >in Fleisch und Blut übergehen<, sprich durch den Aufbau neurologischer Bahnen mit den tieferen neurologischen Bereichen ausreichend verbunden sind. Diese vorausgehende Kontrolle der Bewegungsmuster wird in dieser Form erst durch Sprache möglich. Durch Sprache entsteht eine neuartige Ebene, die die Voraussetzung für die neue Präzision in der Handfertigkeit bei komplexen Vorgängen wie auch für Planungen stellt, wie dies unter den Hominiden evolutionär aufkommen.

Das Ausmaß der Bedeutung des Sprachlichen zur Steuerung von Bewegungen, zur Organisation von >Verhalten< und sogar für das >Sehen< zeigt sich umgekehrt in dem ganzen Feld der neurologischen Störungen. Z.B.:

> „Die Macht von Musik, Erzählungen und Schauspielen ist von größter theoretischer und praktischer Bedeutung. Dies lässt sich selbst bei geistig Schwerbehinderten mit einem IQ von unter zwanzig beobachten, die motorisch extrem beeinträchtigt und verwirrt sind. Mit Musik oder Tanz verschwinden ihre ungeschlachteten Bewegungen von einem Augenblick auf den anderen – plötzlich wissen sie, wie man sich bewegt.
> Man kann sehen, wie Retardierte, die nicht in der Lage sind, recht einfache Arbeiten auszuführen, sobald diese vier, fünf

Bewegungen oder Abläufe erfordern, mit Musik ohne Schwierigkeiten arbeiten können – die Bewegungsabläufe, die sie sich schematisch nicht merken können, sind eingängig, wenn sie in Musik eingebettet sind. Dasselbe lässt sich bei Patienten feststellen, die an schweren Stirnlappenschäden und Apraxie leiden, die also unfähig sind zu handeln, die einfachsten motorischen Abläufe und Programme zu behalten, ja sogar zu gehen, obwohl ihre Intelligenz in jeder anderer Hinsicht vollständig erhalten ist. Dieser Verfahrensdefekt, diese, wie man sagen könnte, motorische Debilität, die sich allen normalen Ansätzen zur Rehabilitation widersetzt, verschwindet sofort, wenn Musik eingesetzt wird.“ [19]

(Durch Musik werden andere neurologische Verbindungen erschlossen, doch dürften die Funktionen nicht ohne [Animation und] Vorführen auskommen – sie sind wohl ohne Sprache nicht aus dem eigenen *Willen* initiierbar).

- Die Bücher von Oliver Sacks finde ich sehr empfehlenswert.

Auch wenn es bislang keine Möglichkeit gibt, den Beginn der Evolution von Sprache direkt zu ermitteln, so stellt sich doch die Evolution von Sprache als die **Voraussetzung** für ein effektives Planungs-Denken wie etwa eine gezielte Werkzeug-Produktion, für ein bestimmtes Maß an Bewegungs-Präzision in der Handfertigkeit wie in Verbindung mit dem evolutionären Schub der Großhirn-Entwicklung dar. Von daher lässt sich sagen:

„Die Mehrzahl der Fachleute bringt trotz dieser Unsicherheiten das enorme Wachstum insbesondere des Großhirns im Verlauf unserer Entwicklungsgeschichte mit einem wahrscheinlich schon frühen Auftreten des Evolutionsfaktors Sprache in Zusammenhang. >Wenn die Hominiden nicht die Sprache nutzten und verfeinerten, würde ich gerne wissen, was sie mit ihren selbst beschleunigt wachsenden Gehirnen

[19] O. Sacks: Der Mann, der seine Frau mit einem Hut verwechselte, S. 244 f.

taten<, bemerkte etwa die amerikanische Anthropologin Dean Falk 1989 in einem Diskussionsbeitrag ironisch, und auch ihr Kollege Terrence Deacon vermutete: >Die Sprache war die Hauptursache, nicht eine Folge des menschlichen Gehirnwachstums.<“ [20]

„Dies ist umso wahrscheinlicher, als Werkzeugproduktion und Sprache nach Meinung vieler Fachleute auf miteinander korrespondierenden geistigen Fähigkeiten beruhen und ihre neurologischen Grundlagen sich daher im Verlauf unserer Evolutionsgeschichte Hand in Hand entwickelt haben dürften. >Die Handlungsabläufe bei der Geräteherstellung haben strukturelle Ähnlichkeit mit denen bei der Konstruktion eines Satzes<, urteilt etwa der bereits zitierte Prähistoriker Gowlett, und die Neurologin Kathleen R. Gibson schrieb 1988: >Gerätegebrauch und Sprache teilen eine gemeinsame neurologische Basis und dürften sich deshalb zusammen herausgebildet haben.“ [21]

Tatsächlich ist der Bestand und Erwerb von Sprache sogar für unsere Art zu >sehen< die Voraussetzung. Dass wir all die Sachverhalte unseres Sehens zu >erkennen< vermögen, ergibt sich ausschließlich darüber, dass wir ein *Wissen* darüber aufgebaut haben. Dies beginnt mit dem zeigenden >da< des Säuglings, der aufgrund der sprachlich angelegten Gehirnstrukturen nun all die Objekte *wahrnehmen lernt* und in diesem Prozess *gleichermaßen* ein Vokabularium wie ein Bewusstsein aufbaut. Das entwickelt sich zunächst als Zusammenhang, bis sich diese Prozesse differenzieren. Dieser Zusammenhang zwischen >Sehen< und Sprache zeigt sich umgekehrt bei bestimmten neurologischen Störungen, wie z.B. bei dem Mann der Titelgeschichte in Oliver Sacks Buch >Der Mann, der seine Frau mit einem Hut verwechselte<. Man kann sich zunächst eine solche Verwechslung nicht vorstellen oder auch nicht, dass dieser Mann eine Rose nicht zu erkennen vermochte, obwohl er keine Probleme im Optischen hatte. Tatsächlich vermochte er die Rose wohl zu sehen, nur

[20] Martin Kuckenburg: Wer sprach das erste Wort? S. 58

[21] Martin Kuckenburg: Wer sprach das erste Wort? S. 77 f.

nicht mehr auf *diese* Weise zu *erkennen.* In Verbindung mit Riechen *erkannte* er sie wohl.

Ein Beispiel, woran wir uns den neurologischen Vorgang des >Sehens< verständlich machen können, sind Schrift, Text und Lesen (analog zu Sprache). Wenn wir die chinesischen Schriftzeichen nicht lesen können, ist dies kein Ausdruck einer optischen Störung, sondern des Fehlens eines entsprechenden Lernens. Das bloße Sehen (Optik) oder Hören (Akustik) ergibt nicht per se auch schon Verstehen und auch noch keine Basis dafür, die >Informationen< aufzunehmen und sie zu behalten. Dass das >Verstehen< aufgebaut werden muss, wird an einer fremden Schrift, einer fremden Sprache und an Sachverhalten von Fachwissen deutlich.

Ein höchst bedeutsamer und neurologisch alles andere als selbstverständlicher Sachverhalt ist, dass sich mit Hilfe von Wörtern das >Bewusstsein< aktiv aufnehmen lässt. Mangels Wörtern ist es etwa den Schimpansen neurologisch nicht möglich, jenseits der Situation, wo er einen >Stock< braucht, sich einen Stock zu organisieren, weil er diese Absicht nicht im >Bewusstsein< halten kann. Selbst wenn er mit diesem Vorhaben loszieht, so wird ihn das geringste neurologisch wirksame Moment dies vergessen lassen. In dieser Hinsicht gilt in engster Form >Aus den Augen – aus dem Sinn<.

> „Auf dieser Pyramide der Reizverarbeitung liegen die Sprache und die künstlichen Aspekte des menschlichen Geistes wie eine dünne Kruste. Diese dünne Kruste übt jedoch einen gewaltigen Einfluss auf den Menschen aus, da sie in der Lage ist, die Richtung des Verarbeitungsprozesses umzukehren.
> Tiere leben ausschließlich in der Gegenwart: alle ihre Sinneswahrnehmungen steigen wellenartig bis zur Spitze auf und verwischen dabei die Spuren früherer Wellen. Durch die Sprache ist es jedoch möglich, die Richtung umzulenken und Gedanken zurückzulenken. [...] Die dünne Kruste bewirkte also, dass das Gehirn nicht mehr nur einseitig von der Außenwelt angetrieben wurde, sondern dass es auch auf die sprach-

lich motivierten Gedankenketten in seinem Innern reagierte."[22]

Zu dem Thema >Sprache< und ihrer evolutionären Entwicklung bietet das Buch von John McCrone „Als der Affe sprechen lernte" eine gute lesbare Einführung, wenn dieses Werk auch nicht in jeder Hinsicht befriedigend ist, vor allem nicht, wo es sich dem historischen Bereich annähert.

Das Entscheidende von Sprache verknüpft sich zunächst nicht mit einem umfassenden Bestand an Vokabularium und erst recht nicht an Grammatik, sondern mit einer neuartigen neurologischen Entwicklung eines *Gesamtzusammenhangs* von Handfertigkeit, der Herstellung von >Werkzeugen< (zunächst z.B. Steine mit Schnittkanten) und planerischem und Lösungs-Denken in Verbindung mit einer neuartigen Sozialorganisation.

M.E. sprechen die Gesamtzusammenhänge dafür, dass die Evolution von Sprache

- mit dem **geologischen Umbruch vor ca. 2,5 Mio. Jahren** (Pliozän auf Pleistozän) =
- mit dem Beginn der >**Steinzeit**< (Herstellung und Gebrauch von Stein-Werkzeugen) =
- mit dem Beginn der **Hominiden**-Evolution

in Verbindung steht.

[22] John McCrone: Als der Affe sprechen lernte, S. 202

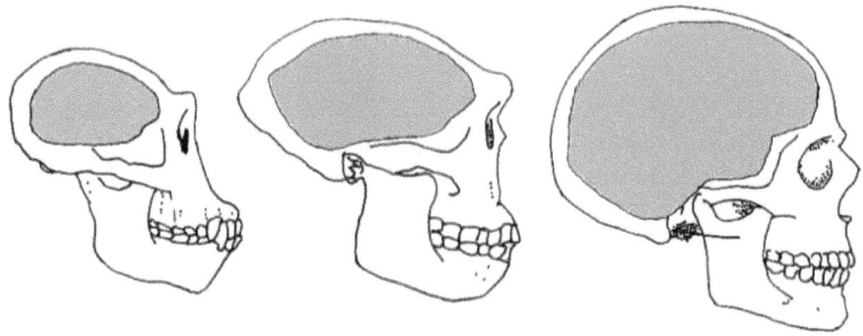

Schimpanse Hominidus erectus Homo sapiens

Es handelt sich hier jedoch um eine frühe Stufe des Hominidus erectus. Die spätere Stufe liegt uns Homo sapiens schon deutlich näher.

Man beachte hier auch die Aufrichtung der Stirn. Denn in diesem (präfrontalen) Bereich liegt der neurologische Bereich, der für die Selbststeuerung des Verhaltens zuständig ist.

Nachzeichnung nach: Martin Kuckenburg: Wer sprach das erste Wort, S. 54

2.5.2 Die Stufe der Hominiden

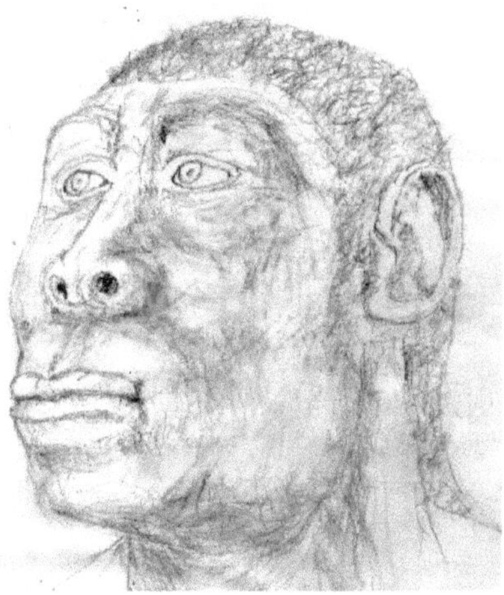

Hominidus habilis Hominidus erectus

Nachzeichnungen nach Modellierungen in
GEO >Die Evolution des Menschen<, S. 24 ff.

Es ist nun von entscheidender Bedeutung für das Verständnis der menschlichen Anlage, den **fundamentalen Unterschied** zwischen den >Hominiden< und der erst eigentlichen humanevolutionären Entwicklung zum >Menschen< zu verstehen.

Die neurologische Anlage unserer Art Homo sapiens ist, wie noch näher gezeigt werden soll, von einer gänzlich neuartigen Dimension bestimmt, die entscheidend über die Ebene von Handfertigkeit, Werkzeugherstellung, planerischem Denken und dem Gebrauch von Wörtern und Grammatik hinausgeht.

Alle diese hominiden Entwicklungen waren sehr wohl eine Prämisse der Humanevolution. Es ist nicht zu sehen, dass die erst eigentliche humanevolutionäre Entwicklung ohne diese Gegebenheiten überhaupt möglich geworden wäre. Doch kann in diesen Gegebenheiten für sich selbst noch nicht das Eigentliche der Humanevolution verstanden werden, und es ist entsprechend unhaltbar, diese Stufe bereits der Humanevolution zuzurechnen.

Es ergibt sich vielmehr, dass zwischen den >Menschenaffen< (Homin***o***iden) wie etwa den Schimpansen und der Humanevolution eine eigene evolutionäre Stufe anzusetzen ist: die Stufe der >Hominiden<.

Was also in Wirklichkeit vor ca. 2,5 Mio. Jahren beginnt, ist nicht die Humanevolution, sondern die evolutionäre Stufe der Hominiden. Die eigentliche humanevolutionäre Entwicklung ist erst vor ca. 0,5 Mio. Jahren anzusetzen. Diese beiden evolutionären Stufen haben gänzlich unterschiedliche Anlässe, Inhalte und neurologische Gegebenheiten, und es ist von entscheidender Bedeutung, endlich diesen fundamentalen evolutionären Unterschied zu erfassen. Denn die Stufe der Hominiden ist gerade mit ihrem großen Gehirn, mit ihrer Sprache und all ihrer technischen Intelligenz ganz im Unterschied zu den Menschenaffen und mehr noch den einfachen Affen dem Aussterben verfallen und dies sogar verhältnismäßig schnell (in einem Zehntel des bisherigen Bestandes der Menschenaffen).

Dies erklärt sich gerade nicht darin, dass ihr Gehirn noch zu klein, ihre Technologie und Sprache noch zu gering gewesen seien, sondern ganz im Gegenteil darin, dass dies alles in seiner Art weit zu umfassend entwickelt war.

Die humanevolutionäre Entwicklung hat genau in diesen *Problemstellungen* ihren Ursprung, und sie verknüpft sich genau hier mit entscheidenden Neuansätzen: nämlich mit entscheidenden *Vereinfachungen* in der Sprach-Anlage sowie mit der Entwicklung von Kultur.

Die Evolution der Hominiden scheint nach all dem, was sich darstellt, in dem für diese Populationen so fundamentalen geologischen Umbruch vom Pliozän zum Pleistozän vor ca. 2,5 Mio. Jahren ihren Ursprung gehabt zu haben.

Dieser geologische Umbruch verknüpft sich mit dem vollen Durchbruch der >Eiszeit<, d.h. mit der Vereisung des Nordpols. Da infolge dieser Vereisung ein großer Teil der bisherigen Luftfeuchtigkeit in Eis gebunden wird, kommt es in Afrika zu einem beträchtlichen Schrumpfen des Regenwaldes. Die bisherigen Waldbewohner verlieren ihre Umweltverhältnisse und müssen sich in jeder Hinsicht auf gänzlich andere Gegebenheiten in einem Leben in der Savanne umstellen. In dieser Umstellung vom Leben in den Bäumen zum Gehen und Jagen in der Hitze der Savanne kommt es zur Entwicklung der Bipedie (Zweibeinigkeit) wie zur Umwandlung vom Fell zur Haut zwecks Kühlung per Schweißdrüsen.

Dieser Umbruch war offenbar auch mit der Entwicklung von Sprache und einer völlig neuartigen Handfertigkeit verbunden. Die Hände wurden nicht mehr eigentlich zum Klettern gebraucht, sondern nun für Verrichtungen aller Art. Hierbei ist nicht nur an die Herstellung und den Gebrauch der Steinwerkzeuge zu denken, die hier nun erstmalig (systematisch) in Erscheinung treten, sondern wahrscheinlich noch weit mehr an den Gebrauch von Stöcken, zuerst wohl zur Abwehr von Raubtieren, dann auch als Speere für die Jagd, die man etwa auch werfen lernen musste. Auch sind nicht alle Arten an Stein zum Schneiden zu gebrauchen. So entstand mit dem Aufwand der Besorgung von nutzbaren Steinen und Stöcken eine Metaebene gegenüber dem bislang unmittelbaren Einsatz solcher Hilfsmittel beim Nahrungserwerb. Sowohl entsprechende Überlegungen, Planungen und ggf. auch Absprachen in den Tätigkeiten als auch die neue Handfertigkeit standen mit der Entwicklung von Sprache in Verbindung.

Es stellen sich hier in der Tat neurologische Zusammenhänge dar, die auch den damaligen Schub in dem Gehirn-Wachstum erklären dürften.

Der evolutionäre Schub in der Großhirn-Entwicklung als Sachverhalt der **Hominiden**-Evolution

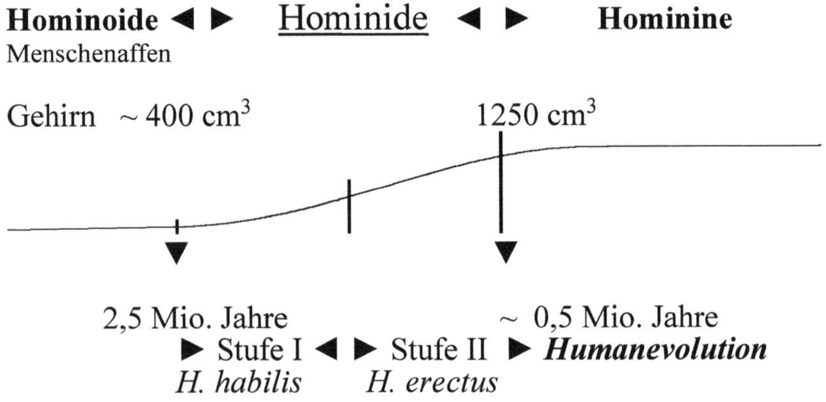

Dies heißt, dass die evolutionäre Entstehung von Sprache auf jeden Fall mit der Hominiden-Stufe I (wie z.B. „Homo habilis“) in Verbindung zu bringen ist. Der erste Schritt verknüpft sich mit der Umkehrung des Lautgebrauchs als Appell an sich selbst, woraus eine Mutation von Lauten zu Wörtern entsteht (die einen anderen neurologischen Kontext und Charakter als der vorausgehende Laut-Gebrauch haben). So kommt es, ganz entsprechend zur kindlichen Entwicklung, zur Ausbildung eines ersten Vokabulariums (von bis zu 50 Wörtern) im Ein-Wort-Gebrauch. Im Laufe dieser Entwicklung folgt sowohl eine Ausweitung des Vokabulariums als auch die Ausbildung von Zwei- und Drei-Wort-Sätzen. Damit wäre diese evolutionäre Entwicklung der Stufe „Homo habilis“ (Hominiden-Stufe I) an ihre Grenze gekommen.

Mit der Weiterentwicklung entsteht eine neuartige Komplexität, die mit einer weiteren evolutionären Stufe an Großhirn-Entwicklung in Verbindung zu bringen sein dürfte. Dies dürfte mit der Entstehung der Hominiden-Stufe II („Homo ergaster"/„Homo erectus") zu identifizieren sein.

Die Grundlagen des menschlichen Spracherwerbs sind angeboren und in spezifischen Strukturen im Gehirn angelegt (Broca-Zentrum, Wernicke-Zentrum usw.). Es spricht m.E. alles dafür, diese Entwicklungen der Kleinkind-Stufe bei uns Homo sapiens als >Ontogenese der phylogenetischen Entwicklung< zu begreifen, d.h.: die **unteren Stufen** der kindlichen Sprach-Entwicklung als **Stufen** der Evolution der **Hominiden** als der Basis der späteren Humanevolution:

Modell:

Evolution von Sprache	Evolutionäre Stufe
Von **Lauten** zu **Wörtern**	**Hominiden I** (z.B. „Homo habilis")
Von **Wörtern** zu 2 + **3 Wort-Sätzen**	**Spätphase Hominiden I** ►►►
Sätze und **Satzfolgen** im Kontext von **Erledigungen** (von einfachen Anfängen bis später **beliebig komplex)**	**Hominiden-Stufe II** (z.B. „Homo erectus")

Doch alles, was die Evolution von Sprache und technischer Intelligenz auf diesem Stand vermochte, war die Bewältigung von äußeren Überlebens-Anforderungen. Diese Art von Sprache aus lediglich Vokabular und Grammatik, die in der Humanevolution zur lediglich *äußeren Form* von Sprache wurde, war (modern formuliert) nur zu >Dienstleistungen und Produktion< qualifiziert. Mit ihr kann man nur Probleme lösen – oder sie produzieren.

In Hinsicht auf äußere Probleme war diese Anlage von Gehirn, Sprache und technischer Intelligenz überaus leistungsfähig. Doch ohne diese äußeren Probleme war sie mit ihren Konsequenzen in Bezug auf die Sozialisation und die Gehirnfunktionen letztlich weit zu umständlich und sozial zu unproduktiv, dass die Hominiden mit all ihren Fähigkeiten weltweit unabhängig voneinander dem Aussterben verfielen, und dies evolutionär betrachtet sogar verhältnismäßig schnell (in nicht einmal ein Zehntel des bisherigen Bestands der Menschenaffen).

Die Evolution der Hominiden war ein Produkt von Notstandsproblemen eines geologischen Ausmaßes: das nach dem Ende dieser Notstandsprobleme in eine evolutionäre Sackgasse geraten war.

Die Humanevolution kann ganz entsprechend nicht als eine Verlängerung der hominiden Entwicklung begriffen werden.

Sie entstand vielmehr daraus, dem Aussterben der hominiden Anlage zu entkommen. Dieses Scheitern der Hominiden an zu unfähigen Sozialverhältnissen war ihr effektiver >evolutionärer Druck<. Die humanevolutionäre Entwicklung ist an sich weder von einem weiteren Gehirnwachstum noch von neuer Technologie geprägt, sondern vielmehr von der Entwicklung des Spielerischen (→ Kap. 3) sowie - absolut bezeichnender Weise - von der Ablösung der genetischen Verhaltenssteuerung zur Befähigung zur Selbststeuerung. Erst damit wurde anstelle von Macht und Konkurrenzkämpfen ein fähiges Beziehungs- und Sozialleben auf der Basis von Kommunikation möglich, und erst damit konnte man seine Intelligenz zur Entwicklung von Lebensqualität nutzen.

Zu dem Begriffs-Gebrauch:

M.E. lässt sich der Begriff >Homo< erst mit dem Beginn der humanevolutionären Entwicklung vor ca. 0,5 Mio. Jahren nach der Stufe der Hominiden incl. „Homo erectus" ansetzen. Daraus ergibt sich ein veränderter Begriffs-Gebrauch. Das von Friedemann Schrenk dargestellte Modell mit der Unterscheidung zwischen zwei Stufen des Archaischen Homo sapiens erscheint hier überaus passend, doch begrifflich abzuändern:

F. Schrenk [23]	**hier**	**seit etwa** *
Archaischer Homo sapiens I	Homo archaicus	500.000 J.
Archaischer Homo sapiens II	Archaischer Homo sapiens	300.000
Homo sapiens	Homo sapiens	150.000

dazu weiter → S. 128

* Die zeitliche Einschätzung kann nur recht grob erfolgen, da es zum einen Übergangsformen und zum anderen nur einen recht geringen Fundbestand gibt, was angesichts der damaligen Nähe zum Aussterben nicht verwundern kann. Diese Schwierigkeiten dürfen nicht dazu führen, die fundamentalen Unterschiede zwischen den Hauptstufen zu verkennen, doch dürfen diese Unterschiede auch nicht zu sehr an Einzelbefunden festgemacht werden.

[23] Vgl. hierzu: Friedemann Schrenk: Die Frühzeit des Menschen, S. 116

„Die Sprache ist in engster Weise mit den allgemeinen kognitiven Fähigkeiten des Menschen verbunden, und die Entstehungsgeschichte der Sprache ist zugleich auch ein Teil der Entstehungsgeschichte des Menschen.“ [24]

„Während des Übergangs von Homo erectus zu Homo sapiens spielte Sprache zweifellos eine zentrale Rolle hinsichtlich der Ausbildung enger sozialer und kultureller Strukturen.“ [25]

„Kommunikation ist [...] *vielleicht der wichtigste Faktor, der den Menschen zum Menschen macht.“* [26]

> *„[...] getreu dem Motto, dass jeder Mensch liebenswert ist, wenn er nur wirklich zu Wort kommt [...]“* [27]

„Unsere Zuneigung wächst, je mehr wir voneinander erfahren. Das ist ein klassisches Ergebnis der Sozialpsychologie und der menschlichen Verhaltensforschung.“ [28]

---

[24] Horst M. Müller: Sprache und Evolution, S. 74
[25] R. Leakey & R. Lewin: Wie der Mensch zum Menschen wurde, S. 123
[26] Aljoscha Long & Ronald Schweppe: Praxisbuch NLP, S. 173
[27] Friedemann Schulz von Thun: Miteinander reden, Band 3, S. 175
[28] Michael Lukas Moeller: Die Wahrheit beginnt zu zweit, S. 33

3 Zur humanevolutionären Entwicklung

„Venus“ von Laussel (F), Relief
Alter ca. 25.000 Jahre
Nachzeichnung

Man könnte sagen: mit der Evolution von Sprache beginnt die Entwicklung von Software. Mit >Sprache< wird ein äußeres und selbst geschaffenes Moment zum Bestandteil der neurologischen Funktions-Mechanismen und -Anlage.

Dies ist von Anfang der Evolution von Sprache an der Fall, also bereits auf der Stufe der Hominiden. Doch ist hier der Effekt von Sprache auf der Ebene der Anwendungs-Software zu verstehen. Die Betriebssystem-Ebene ist hier noch mit ihren Verhaltens-Programmen genetisch gestellt.

Doch eröffnet die neue Software-Logik Sprache ein völlig neuartiges Potential in der Anwendung dieser Verhaltens-Programme. Dies betrifft nicht nur (1.) die Ausbildung einer neuartigen Handfertigkeit und (2.) die Organisation seines Soziallebens, sondern (3.) auch die Ermöglichung eines vorausschauenden planerischen Denkens, das auch (4.) die Grundlage der neuen Dimension bzgl. der Techniken stellt.

All dies sind *Voraussetzungen* der eigentlichen Humanevolution, aber nicht mehr ihr Inhalt. Dieser verknüpft sich vielmehr mit der Ablösung von der genetischen Verhaltenssteuerung = der Entwicklung von Kultur. Dieses Ergebnis wurde erst in einem langen Prozess in verschiedenen Schritten erreicht.

3.1 Die Aufteilung der Software-Anlage

Die humanevolutionäre Entwicklung baut in allen Aspekten auf der Software-Entwicklung der hominiden Stufe auf. Diese ist als die Voraussetzung der Humanevolution wie auch von Kultur zu sehen.

Dennoch ist der entscheidende Schritt der humanevolutionären Entwicklung nicht eigentlich in der quantitativen Ausweitung der Anwendungs-Software zu sehen. Im Grunde ist eher das Gegenteil der Fall.

Am Anfang bedeutete diese Software-Anlage in Verbindung mit Sprache und einer Vergrößerung des Gehirns einen entscheidenden Gewinn. Doch kippte dies, wie das Aussterben der Hominiden zeigt, in der Weiterentwicklung mit der Zeit um. Sowohl von der Sprach- als auch von der Gehirn-Anlage der Hominiden war hier alles in einem einzigen Software-Programm untergebracht. So aber wurde dieses >Arbeits-Programm< mit der Zeit zu groß, und seine Arbeitsprozesse wurden in Teilen zu langwierig. Der Aufwand an Zeit und Energie stand immer weniger in einem sinnvollen Verhältnis zu seinem Nutzen, bis diese Entwicklung scheiterte.

Das Entsprechende schafft auch immer noch beim Menschen und selbst beim Computer Probleme, nämlich wenn zu viele bzw. zu umfassende Prozesse auf der oberen Großhirn- bzw. auf der Arbeitsspeicher-Ebene laufen, entweder weil die Anforderungen so hoch liegen (wie etwa unter Notstands-Problemen) und/oder weil die aktuellen Prozesse noch nicht besser strukturiert sind.

Tatsächlich verknüpfte sich die Lösung mit einer neuartigen Strukturierung der Software, zunächst einmal mit einer Aufteilung in Betriebssystem und Anwendungs-Software. Auf dieser Basis ließ sich dann auch die Anwendungs-Software in einer neuen Form organisieren.

3.2 Die neurologisch unreiferen Geburten

Die Möglichkeit der entscheidenden Neustrukturierung seiner Software verbindet sich evolutionär mit der Ablösung von der Steuerung der genetisch ererbten Verhaltens-Programme auf der Zwischenhirn-Ebene. In der schrittweise erreichten Aneignung der ererbten Verhaltens-Programme entstanden gleichermaßen neue Software-Bereiche wie neue neurologische Hardware-Strukturen (etwa in der Vernetzung des Gehirns).

Dass diese Entwicklung neurologisch überhaupt möglich wurde, hat jedoch zuerst durch die immer höhere neurologische Unreife der Neugeborenen zur Voraussetzung.

Dies wiederum erklärt sich dadurch, dass in Afrika eine Linie entstand, die ihre großen Überschüsse an Energie und Intelligenz weniger für Technisches oder gar für Konkurrenzkämpfe um Macht und Geschlechtspartner einsetzte als vielmehr für Soziales und Beziehungen. Neben einem deutlich besseren Geschlechter-Verhältnis kam diese Ausrichtung vor allem den Kindern zugute. Bei diesem andersartigen Interesse an den Kindern und ihren Aktivitäten entstand auch eine entscheidend höhere Fähigkeit, neurologisch unreifere Geburten denn je durchzubringen.

Darin liegt gleichermaßen der Ursprung der eigentlichen Humanevolution wie auch der Entwicklung von Kultur als der Grundlage der Befähigung zur Selbststeuerung wie von Lebens-*Qualität* (als einer neuen eigenen Dimension gegenüber der Überlebens-Besorgung).

Die überlebenden neurologisch unreiferen Geburten denn je stellten die biologische Grundlage der humanevolutionären Entwicklung (in ihrem Abgang von der hominiden Anlage). Gleichermaßen war diese höhere neurologische Unreife der Geburten auch die physiologische Voraussetzung für den Erwerb der menschlichen Selbststeuerung. Mit dieser neurologischen Unreife verlor sich (evolutionär Schritt für Schritt) die Wirkung der genetischen Verhaltens-Anlage, und gleichzeitig wurde der Effekt von Sprache – bei geeigneten Ansätzen – auf die Verhaltens-Anlage immer höher.

Dieser Vorgang vollzog sich evolutionär nicht auf einmal. Die Veränderungen in dieser genetischen Hardware-Anlage wurden erst Schritt für Schritt in Wechselwirkung mit der Entwicklung einer entsprechenden Software-Entwicklung von Kultur von Bedeutung. Dies brauchte dem Anschein nach insgesamt drei Jahrhunderttausende.

Dieser Prozess begann mit der Entwicklung des kindlichen Spiels. Zunächst wurde auf diese Weise der große Überschuss an Energie und Intelligenz (anders als bei Konkurrenzkämpfen und in Teilen auch bei Technik) auf eine sozial unproblematische Weise verbraucht. Offenbar begriff man diese kindliche Freude am Spiel dann aber auch insgesamt als Basis für die Gewinnung der evolutionär neuartigen Dimension von >Lebens-Qualität<. (Technologie als solche kann dies nicht, sie ist immer nur ein >Mittel<. Allein unter der Voraussetzung vollgültiger Kultur kann sie auch ein Mittel zur Steigerung von Lebens-Qualität werden. Ohne zureichende Kultur hat sie sozial mindestens ambivalente Konsequenzen).

Doch gleichzeitig bedeutete diese neue Dimension des kindlichen Spiels (neurologisch folgerichtig in sich) auch die Ansätze der Ausbildung der Fähigkeit zur eigenen Steuerung seines Verhaltens, sowie in dem gemeinsamen theaterartigen Spiel (incl. Singen/Musik, Geschichten und Tanz) auch den Erwerb der dazu notwendigen Beziehungs- und Sozialerfahrung.

In Verbindung mit Sprache entstanden in dieser Entwicklung der theaterartigen Kinderspiele die Grundlagen im Erwerb der Verhaltenssteuerung, der Sozial- und Beziehungserfahrung wie auch des Verstehens von Kultur als dem gemeinsam gestalteten

Sozialleben. In dieser Weise bedeutete der weitere humanevolutionäre Prozess gleichermaßen die Entwicklung einer neuen Hardware in der Ablösung von der genetischen Verhaltenssteuerung wie die notwendige Software für die persönliche und gemeinschaftliche Selbststeuerung. Dieser Prozess fand kurz vor unserer Art Homo sapiens aufgrund der nun hinreichenden Software in der kulturalen Hardware-Anlage sein evolutionäres Ergebnis. Der Unterschied zu den späten Archaischen Homo sapiens lag zuletzt darin, dass die Evolution zur vollen kulturalen Anlage nicht nur bei einigen Individuen existierte, sondern diese in unserer Art Homo sapiens aufgrund ihrer Überlegenheit zur allgemeinen genetischen Ausstattung wurde (da dieser Übergang lange gedauert haben kann, besteht die Schwierigkeit, unsere Art im Allgemeinbestand zu datieren. Sicher ist jedoch aufgrund dieses genetischen Erbes, dass sie sich schon vor der Verbreitung unserer Art über die Welt vollzogen haben muss).

Doch bevor dieses evolutionäre Endergebnis der kulturalen Hardware erreicht werden konnte, hatte man einen hinreichend qualifizierten Bauplan seiner Sozialverhältnisse wie ein zureichendes Knowhow der für den Erwerb der Selbststeuerung notwendigen Verhaltens-Schulungen entwickelt. Denn anders als die sonstige evolutionäre Entwicklung erklärt sich die eigentliche Humanevolution in ihrem *Ergebnis* letztlich ausschließlich als ein selbst angeleiteter Prozess in dem endgültigen Erwerb seiner Selbststeuerung.

> „Die Tatsache, dass unser Gehirn bei der Geburt noch wenig entwickelt ist, erscheint damit aus informationstheoretischer Sicht in einem völlig neuen Licht. Die Gehirnentwicklung nach der Geburt ist kein Mangel, sondern eine *notwendige Bedingung* höherer geistiger Leistungen.“
>
> (Der Neuro-Wissenschaftler) Manfred Spitzer: Lernen, S. 235

3.3 „Vom Ursprung der Kultur im Spiel" (Huizinga)

„Im Spiel haben wir es mit einer für jedermann ohne weiteres erkennbaren, unbedingt primären Lebenskategorie zu tun, mit einer Ganzheit, wenn es je etwas gibt, was diesen Namen verdient."

Johan Huizinga: Homo Ludens, S. 11

„Vom Ursprung der Kultur im Spiel" ist der Untertitel des einstmals bekannten und sicher bei weitem noch nicht ausgeschöpften Werkes >**Homo Ludens**< von Johan **Huizinga** (NL 1938, deutsch wohl erstmalig 1956 erschienen).

Mit dieser – im Einzelnen vielfältig entwickelten – These trifft er in der Tat den entscheidenden Sachverhalt, der jedoch in den gängigen Modellen zur Humanevolution keinerlei Eingang gefunden hat. Das Problem war, dass zu dieser Zeit die humanevolutionäre Entwicklung erst wenige Anhalte in dem Fundbestand hatte, dass die früheren Konzeptionen weitgehend spekulativ entwickelt werden mussten.

Von dorther passte das auf >Werkzeuge< und >Arbeit< ausgerichtete Modell des 19. Jh.s mit seinem >Homo faber< weit besser zur vorherrschenden Vorstellungen. Es trifft auch zu, dass die Entwicklung der Handfertigkeit und einiger Techniken eine der Voraussetzungen der humanevolutionären Entwicklung war. Doch verknüpft sich diese Entwicklung *evolutionär* mit der der Hominiden. Insofern liegt Huizingas Konzeption vom >Homo ludens< in Bezug auf die eigentliche humanevolutionäre Entwicklung entscheidend richtiger, und so sind seine Einsichten noch ganz anders zu berücksichtigen.

Gerald Hüther & Christoph Quarch: Rettet das Spiel!
Weil Leben mehr als Funktionieren ist

„Deshalb können wir Menschen vor allem während der Kindheit auch so viel lernen. Aber eben nicht, indem uns schon früh Druck gemacht und Leistung abverlangt wird. Und erst recht nicht, wenn wir zum Lernen gezwungen werden und uns vorgeschrieben wird, was wir zu lernen haben.
Damit dieses riesige Potenzial an Vernetzungsmöglichkeiten im Gehirn möglichst gut stabilisiert werden kann und die in unseren Kindern angelegten Talente und Begabungen zur Entfaltung kommen, müssten wir ihnen möglichst lange und in einer möglichst vielfältigen Lebenswelt Gelegenheit bieten, ihrer Entdeckerfreude und ihrer Gestaltungslust in allen nur denkbaren Bereichen nachzugehen. Mit anderen Worten: Sie müssen so viel und so oft wie möglich und auf so vielfältige Weise wie möglich – spielen dürfen.“ (S. 39)

„Wer seinen Kindern Gutes tun will, ist daher gut beraten, sie einfach spielen zu lassen … und sich von ihnen zum Mitspielen hinreißen zu lassen. Denn das freie und gemeinsame Spiel von Eltern und Kindern tut nicht nur den Kleinen gut. Das Gleiche trifft auch für die Großen zu – sofern sie bereit sind, sich von den Kindern im kleinen Einmaleins der Spielkunst unterweisen zu lassen. Denn eben das kann jedermann von seinen Kindern lernen: dass wir erst da im vollen Sinne des Wortes Mensch sind und die in uns angelegten Potenziale zur Entfaltung bringen können, wo wir unsere üblichen Ziele, Zwecke, Pläne und Strategien hintanstellen und uns auf das Spielgeschehen einlassen.“
(S. 184 f.)

„Jedes echte Spiel ist eine Schule des Gemeinsinns.“ [29]

Weit entscheidender als die optimierte Art, Funktionales zu lernen war, dass man durch die kulturellen Aktivitäten zu einem fähigeren Sozialverhalten fand und durch die hierbei erzielten Positiv-Erfahrungen in den kulturellen Aktivitäten auch zu einem völlig neuartigen Beziehungs- und Sozialverständnis.

> „Wer spielt, begegnet dem anderen als einem Gegenüber auf Augenhöhe.“ [30]

Selbst bei den evolutionär primitiveren Spielen, die noch auf Konkurrenz aufbauen, will man, wo es wirklich um Spiel geht und kein Notstands-Problem wirksam ist, „Gegner und keine Opfer“. Mit der Entwicklung des Spielens und von Kultur kam man von dem Interesse von Dominanz und Ego zu dem Interesse der Ebenbürtigkeit und am Gegenüber des Anderen, denn allein auf diese Weise ließ sich der Reiz des Spiels und ein Niveau des Spielerischen erreichen.

Nichts dagegen, sich zu größeren Herausforderungen motiviert zu fühlen. Doch die kulturelle Sicht begreift den Anderen nicht mehr als Objekt und nicht mehr negativ als Konkurrenten. Selbst die Art von Spielen, die auf den alten evolutionären Mechanismen des Konkurrierens aufbaut, schafft durch das Spiel-Moment ein neuartiges Interesse am Anderen. Wo einer oder eine Partei immer gewinnt bzw. verliert, da vermag das Spiel keinen Reiz bewahren oder entwickeln. Selbst diese Art von Spiel zielt, wo es wirklich Spiel ist, schon auf *qualifizierte* Gleichwertigkeit. Wir sehen hier also: die Gleichwertigkeit der Individuen in der humanevolutionären Kultur entsteht nicht etwa aus dem Abbau von Spannung, sondern in der Verwandlung des *negativen* Spannungspotentials von Konkurrenzkämpfen in eine *positive* Spannungslogik: in >Spannendes<, in >Herausforderungen<, in Erfahrungen von >Erfüllung< usw.

---

[29] Gerald Hüther & Christoph Quarch: Rettet das Spiel! S. 200

[30] Gerald Hüther & Christoph Quarch: Rettet das Spiel! S. 17

Wo die Bewusstseins-Entwicklung effektiv über das Kindliche und die Notstands-Ebene hinausgekommen ist und die Stufe von >Kultur< erreicht hat, wird die Kategorie >Sieg – Niederlage< unwichtig und *alles* zu einem Prozess von >Erfahrung<.

So geht es bei den höheren: effektiv kulturellen Spielen und Aktivitäten wie etwa Musik, Kunst, Tanz, Erzählen, Poesie, Theater, Reisen, Forschung usw. im Eigentlichen überhaupt nicht mehr darum, besser zu sein als andere, sondern um ein Erreichen von Niveau, das man als befriedigend, erfüllend und/oder Herausforderung erfahren kann.

Bei dieser Entwicklung versteht sich, dass das Entscheidende einer positiven Spannungslogik letztlich nicht auf den Sachebenen liegt, sondern auf der Sozial-, Beziehungs- und der Persönlichkeits-Ebene. Ganz entsprechend ergibt sich ein Interesse an Lern- und Persönlichkeits-Entwicklung ganz aus sich selbst heraus, um sich Lebensqualität zu erschließen. Dabei entsteht auch das Interesse, die Entwicklung Anderer und des Soziallebens zu unterstützen und zu fördern, denn je mehr Niveau entsteht, desto spannender wird das Leben, und desto mehr Lebensqualität eröffnet sich.

Von hier aus kommt es zur humanevolutionären Entwicklung von Personalität und zu einer Sicht des Anderen als *Subjekt* und **Du**. Die – freilich erst – kulturelle Sprachform hatte hier die entscheidende Bedeutung, die *Innenperspektive* des Anderen verstehen und kennen zu lernen und damit die Basis für das zu stellen, worum es bei uns Homo sapiens im Eigentlichen um Kommunikation geht. Dies ermöglichte ein völlig neuartiges Verhältnis im Sozial- und Beziehungs-Leben.

Auffällig wird diese Entwicklung im Geschlechter-Verhältnis. Eros bedeutete auf der Tier-Stufe eher den Kampf gegen die Konkurrenz der eigenen Geschlechtsgenossen als sonderlich viel Zuwendung zu dem Geschlechtspartner. Hier kann dem riesigen Aufwand für die Erringung erotischer Attraktivität und dem bittersten Kampf gegen die Konkurrenz doch eine erstaunliche Dürftigkeit im Kontakt zum Partner gegenüber stehen.

Ggf. beschränkt sich dieser gar auf das Erreichen eines einzigen Paarungs-Aktes von wenigen Sekunden. In der humanevolutionären Entwicklung entsteht mit der Entwicklung von Personalität eine völlig neue Dimension an >Beziehung<. Dies im Geschlechter-Verhältnis jedoch als >Monogamie< zu beschreiben - was eine *biologische* Kategorie an Verhalten darstellt (wie sie sich etwa bei den Vögeln findet) -, lässt befürchten, dass da das Eigentliche von >Beziehung< beim Menschen noch nicht verstanden worden ist.

„Sozialer Rhythmus

Es scheint ganz selbstverständlich zu sein: Beim Musizieren oder Tanzen sind die Partner darauf bedacht, aufeinander zu hören und ihre Bewegungen einem gemeinsamen Rhythmus anzupassen. Doch diese Fähigkeit zur >rhythmischen Synchronisation< unterscheidet den Menschen sogar von seinen nächsten Verwandten: Gorillas und Schimpansen trommeln zwar auch gern auf Brust und Baumstamm, kommen aber nie auf die Idee, ihr Trommeln mit dem eines Artgenossen abzustimmen.

Sebastian Kirschner und Michael Tomasello vom Max-Planck-Institut für Evolutionäre Anthropologie in Leipzig haben dieses typisch menschliche Verhalten näher untersucht. Sie stellten fest, dass Kinder schon im Alter von zweieinhalb Jahren spontan und ohne Aufforderung ihre Bewegungen einem akustischen Beat anpassten, selbst wenn dessen Tempo ihrem eigentlichen Körperrhythmus abwich.
Noch besser gelang dies den kleinen Probanden allerdings, wenn ein menschlicher Partner den Rhythmus beim Trommeln vorgab. Als die Forscher einen >drum computer< einsetzen, sank bei den 36 Kindern verschiedener Altersstufen die Bereitschaft zur Synchronisation erheblich.

Kirchner und Tomasello sehen dies als Beleg dafür, dass sich menschliche Musikalität im sozialen Kontext entwickelt hat und nicht etwa nur ein abstraktes Nebenprodukt unserer allgemeinen kognitiven Fähigkeiten ist.

In einem Folgeversuch wollen die Wissenschaftler nun herausfinden, inwieweit gemeinsames Musizieren die Bereitschaft von Kindern fördert, einander zu helfen. Nach ihrer Theorie zum sozialen Ursprung der Musik werden die Gemütszustände der Musizierenden durch gemeinsames Singen und synchrone Bewegungen ausgeglichen. Dies stärkt das Einfühlungsvermögen und die Verbundenheit mit der Gruppe. Trommeln für eine bessere Gesellschaft!“ [31]

Max-Planck-Institut für evolutionäre Anthropologie:
www.mpg.de/eva-de

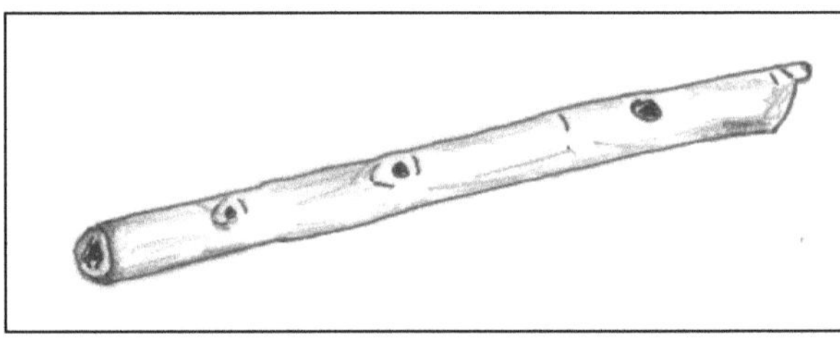

„Die Flöten vom Geißenklösterle datieren um rund 35.000 Jahre vor heute. Die Spielbarkeit der Flöten aus dem Geißenklösterle wurde durch Experimente von Friedrich Seeberger mit nachgeschnitzten Flöten in überzeugender Weise belegt (Seeberger 2003).“

G. Uelsberg & S. Lötters: Roots/Wurzeln der Menschheit, S. 237

Dazu: „>Wir können daraus schließen, dass die Musik eine wichtige Rolle im Leben der Menschen spielte<, schreiben die Forscher. dpa“

(WZ 16.07.09, S. 27)

[31] GEO Mai 2009, S. 155

„Am Lagerfeuer erzählte Märchen, komplexe Sandgemälde und Tänze, welche die Mythen der Gruppen darstellen, hinterlassen keine Spuren. Doch sind gerade sie das Wesentliche des Menschseins von Wildbeutergesellschaften.“ [32]

„Überhaupt ist es typisch für Sammlerinnen- und Jägergesellschaften, die unter Bedingungen wie die der afrikanischen leben, dass sie ein ausgesprochen unbekümmertes, heiteres Naturell besitzen, sich gerne amüsieren und viel lachen.
Die Voraussetzungen dazu sind ihnen auch wahrlich gegeben. Man hat errechnet, dass Buschmänner oder Hadza zum Beispiel einen Arbeitsaufwand von weniger als zwei Stunden pro Tag aufbringen müssen, um ihren Lebensunterhalt sicherzustellen. Es bleibt ihnen also reichlich Muße, die ihre Phantasie beflügelt und die sie denn auch mit viel Spiel, Tanz, Gesang, Unterhaltung und Geschichtenerzählen ausfüllen. Man darf annehmen, dass dies früher […] nicht viel anders war.“ [33]

Der ganz andersartige Zeitaufwand für das Überleben ist erst im Kontext von Ackerbau sowie (in den heutigen Folgen) von Militarismus (Rüstung + Krieg) und Macht (z.B. Pyramidenbau, Besitz- und Rechtsverhältnisse) entstanden.

[32] Roger Lewin: Spuren der Menschwerdung, S. 144
[33] H. Christoph, K. E. Müller & Ute Ritz-Müller: Soul of Africa, S. 91

„>Churinga< oder Raute-Musikinstrument aus verziertem Bein, mit konzentrischen Kreisen und Linienmotiven. Saint Marcel, Frankreich; Jungpaläolithikum. Das Instrument wird an eine Schnur gebunden und kreist um sich selbst, wobei es eine Schwingung in der Luft auslöst. Je nach Art und Schnelligkeit des Gebrauchs bringt es verschiedene Töne hervor. Die kreisförmigen Zeichen, die den Gegenstand verzieren, scheinen seine Funktion zu bezeichnen." Text + Nachzeichnung nach: E. Anati: Höhlenmalerei, S. 244

3.3.1 Theaterartige Spiele

So gering der Szenen-Charakter der theaterartigen Kinderspiele etwa im Nachahmen von Tieren und in dem Nachspielen der Märchen-Geschichten zunächst auch gewesen sein wird, so evolutionär bedeutend war doch dieser Schritt. Denn mit ihm begründet sich die Entwicklung der Selbststeuerung des Verhaltens. Die Geschichten und Märchen boten in Verbindung mit den theaterartigen Kinderspielen die Skripte für die praktischen Experimente, Übungen und Erfahrungen im Umgang mit seinem Verhalten.

Diese die phylogenetische Entwicklung ontogenetisch nachvollziehende Phase beschreibt Erik H. Erikson als Entwicklung von >**Initiative oder Schuldgefühle**< bzw. „Spiel-Identifikation gg.

(ödipale) Phantasie-Identitäten“ und „Experimentieren mit Rollen gg. negative Identitätswahl“:

„Das Kind weiß jetzt sicher, dass es ein Ich ist; nun muss es herausfinden, was für eine Art von Person es werden will. Und dabei greift es gleich nach den Sternen: es will so werden wie Vater und Mutter, die ihm sehr mächtig und sehr schön, obwohl ganz unvernünftig gefährlich erscheinen. Es >identifiziert sich< mit den Eltern, d.h., es spielt mit der Idee, wie es sein würde, wenn es Vater oder Mutter wäre. In diesem Stadium kommen ihm drei kräftige Entwicklungsschübe zu Hilfe, die jedoch auch die nächste Krise beschleunigen:

1. das Kind lernt, sich freier und kraftvoller zu *bewegen* und gewinnt dadurch ein weiteres, ja, wie ihm scheint, ein unbegrenztes Tätigkeitsfeld;
2. sein *Sprachvermögen* vervollkommnet sich so weit, dass es sehr viel verstehen und fragen kann, aber auch umso mehr missversteht;

3. Sprache und Bewegungsfreiheit zusammen erweitern seine *Vorstellungswelt*, so dass es sich vor seinen eigenen, halb geträumten, halb gedachten Bildern ängstigt. Gleichwohl muss es aus dieser Krise mit einem Gefühl *ungebrochener Initiative* als Grundlage eines hochgespannten und doch realistischen Strebens nach Leistung und Unabhängigkeit hervorgehen.
[…]
Nun […] ist das Kind imstande, sich kraftvoll und unabhängig umherzubewegen. Es ist bereit, sich mit den Erwachsenen zu messen, es beginnt Vergleiche anzustellen und entwickelt eine unermüdliche Wissbegier, was die Größenunterschiede im Allgemeinen und die Geschlechtsunterschiede im Besonderen betrifft. Es denkt sich zukünftige Rollen aus oder versucht zu begreifen, welche Rollen nachzuahmen lohnt. Zunächst kann es sich jetzt mit Gleichaltrigen zusammenfinden. Unter der Anleitung älterer Kinder oder einer Wärterin wird es in die kindliche Politik des Kindergartens und der Spielplätze eingeführt. Es lernt jetzt eminent eindringlich und energisch: über

seine eigenen Grenzen hinaus und zu künftigen Möglichkeiten hin.“ [34]

„[…] *In den Kindern spiegelt sich das Wesen des Schauspielers am reinsten wider. Ihre Aufnahmefähigkeit ist beispiellos, und der Drang zu gestalten, der sich in ihren Spielen kundgibt, ist unbezähmbar und wahrhaft schöpferisch. Sie wollen die Welt noch einmal entdecken, selbst erschaffen. Sie sträuben sich instinktiv dagegen, die Welt durch Belehrung in sich aufzunehmen. Sie wollen sich nicht mit den Erfahrungen anderer vollstopfen. Sie verwandeln sich blitzschnell in alles, was sie sehen, und verwandeln alles in das, was sie wünschen.* […]“

Max Reinhardt: Rede über den Schauspieler (1929) [35]

Im Verlauf der Humanevolution entstand in der Entwicklung der Rollen-Theater-Spiele als Konzept der Persönlichkeits-Entwicklung das hinreichende Interesse und Verstehen, die darin erfahrene Qualität nun auch vollgültig auf die Ebene des Erwachsenen und seiner Sozial-Anlage zu bringen.

Dieser Prozess erfolgte unter dem Stichwort, das in dem ethnologischen Bestand – leider zumeist verzerrt oder gar regelrecht pervertiert - als >Jugend-Initiation< bekannt ist. Aufgrund dieser Schulungen und Trainings entstand evolutionär die Pubertät/Jugend als Moratorium zwischen Geschlechtsreife und dem nun erst eigentlichen Erwachsen-Sein. Damit erreichte das Kreativ-Spielerische der Kindheit und der Freizeit-Betätigung die Ebene der Persönlichkeit und der Sozialanlage. Erst hier entstand das Eigentliche der Humanevolution und von Kultur).

---

[34] Erik H. Erikson: Identität und Lebenszyklus, S. 87 - 89

[35] zitiert nach: Manfred Brauneck: Theater im 20. Jahrhundert, S. 353

Die Begriffe >Kunst< und >Theater< korrespondieren mit den beiden fundamentalen kulturellen Dimensionen von >Kreativität< und dem >Spielerischen< auch in Bezug auf das Erlernen von Verhalten (u.a. via Rollen-Spiele).

So verstanden sind die Begriffe >Kunst< und >Theater< geeignet, die fundamentalen menschlichen Dimensionen zu beschreiben, zu erschließen und verstehen zu lernen.

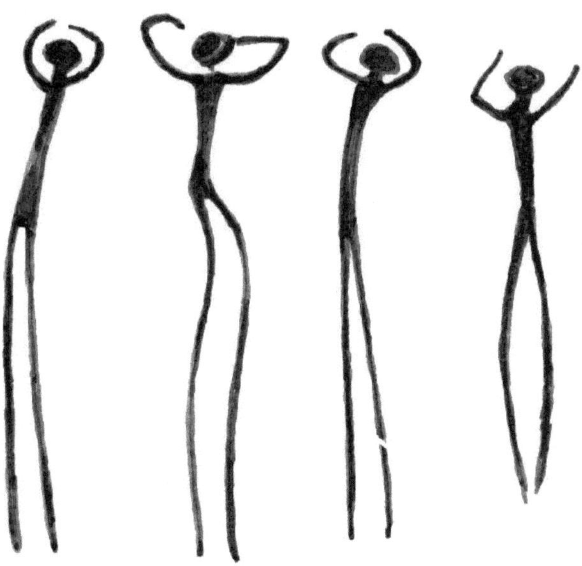

Nachzeichnung nach Emmanuel Anati: Höhlenmalerei, S. 182
Sahara, vermutlich Tanzszene, Ausschnitt (von mehr Figuren, die aber nur fragmentarisch erhalten sind), etwa am >Ende der Eiszeit<

3.4 Der Durchbruch

Diese Entwicklung der Ablösung von der genetischen Verhaltenssteuerung und zur Befähigung zur Selbststeuerung wurde aufgrund der höheren neurologischen Unreife der Geburten möglich. Dadurch dass Sprache – die hier also bereits vorauszusetzen ist – schon in diesem frühen Stadium in der Gehirnentwicklung *effektiv* wirksam wurde, entstand überhaupt erst die Möglichkeit, dass sie auch zu einem Medium der Verhaltenssteuerung der Zwischenhirn-Ebene erwachsen konnte, oder anders formuliert: dass Sprache auch zur einer Betriebssystem-Software wurde.

Doch zuerst bedeutete diese Entwicklung immer auch einen Verlust – nämlich in der Automatik der Verhaltenssteuerung -, die immer auch zu Entscheidungen und Eigenverantwortung zwang. Daraus entstand – und entsteht - überhaupt erst die Entwicklung der Selbststeuerung. Dass jedoch die Unerfahrenheit bzgl. der Selbststeuerung evolutionär nicht im Desaster endete, erklärt sich allein darin, dass diese Entwicklung lange in der Kindheit verblieb, wo schon seit Anfang der Großhirn-Anlage an die Erwachsenen den Schutz stellten. Doch angesichts dessen, dass in der humanevolutionären Entwicklung die Kindheit als Quelle von Lebens-Qualität erlebt wurde und die spielerische Qualität evolutionär auch Stufe für Stufe ein neues Niveau erreichte, entstand aus diesem langen evolutionären Verbleib von Kultur in dem Bezug mit den Kindern kein Problem.

Zunächst aber hatte die immer weitere Ablösung von der genetischen Verhaltenssteuerung durch neurologisch immer unreifere Säuglinge und die immer weitere Ausdehnung der Wirkung von Sprache auf die Verhaltens-Anlage die Folge, dass es hier irgendwann im neurologischen Bereich zu einer Art Dammbruch kam.

Sprache wurde keineswegs in direkter Form zu dem vollgültigen Instrument der Selbststeuerung. Eine solche Entwicklung stellt sich neurologisch nicht als Möglichkeit dar.

Der Weg zur Befähigung zur Selbststeuerung führte über eine Art Dammbruch. Zunächst bedeutete dieser Dammbruch, dass hier Sprache in den Strom der andauernden neurologischen Aktivitäten geriet (was wohl auf der Stufe der Hominiden nicht der Fall war. Dieser ursprünglich funktionale Gebrauch von Sprache scheint sich beim männlichen Geschlecht noch stärker erhalten zu haben als beim weiblichen). Zwar war dieser Dammbruch die physiologische Voraussetzung dafür, dass Sprache zu einem Medium der Verhaltenssteuerung (der Zwischenhirn-Ebene) werden konnte. Doch zunächst einmal bedeutet(e) dies umgekehrt, dass man nun auch im Denken zum *Objekt* der neurologischen Gehirn-Aktivität wird.

> „Die innere Stimme sprudelt wie eine Quelle, die nicht zum Versiegen gebracht werden kann, und erzeugt dabei einen unaufhörlichen Strom von Gedanken und Vorschlägen. Wie sehr wir uns auch bemühen mögen, es gelingt uns nicht, sie abzuschalten. Wenn wir einmal versuchen, ganz entspannt dazusitzen und unseren Kopf von allen Gedanken frei zu machen, so werden wir dies vermutlich nicht länger als eine Sekunde [!] durchhalten. Spätestens dann lässt sich in irgendeiner Ecke unseres Geistes das unvermeidliche Wispern unserer inneren Stimme wieder vernehmen. Und sobald wir sie bemerkt haben, kehrt sie in den Mittelpunkt unserer Aufmerksamkeit zurück wie ein Hund, der nach einer Trennung dankbar an die Seite seines Besitzers zurückkehrt. Sogar wenn wir uns verzweifelte Maßnahmen ausdenken, um diese Stimme loszuwerden, wenn wir beispielsweise einen monotonen Satz ständig wiederholen oder innerlich vor uns hin summen, ertappen wir uns früher oder später plötzlich dabei, wie wir sagen >Das ist aber verdammt blöd< oder >Ist sie noch da?<. Sobald wir nur die geringste Spur wahrnehmen, kehrt die innere Stimme in den Brennpunkt des Bewusstseins zurück und beginnt erneut, einen endlosen Strom von Wörtern hervorzusprudeln.

An dem Umstand, dass wir die innere Stimme niemals abschalten können, ist an sich nichts Geheimnisvolles. Es handelt sich einfach um die fortgesetzte Aktivität jenes Hirnareals, das dazu erzogen wurde, Sprache hervorzubringen. Dieses Sprachzentrum – der etwa münzgroße Fleck auf der linken Hemisphäre – fährt einfach fort, Phrasen und Gedankenfragmente zu produzieren, ungeachtet dessen, ob wir gerade sprechen oder unser Geist im Leerlauf verharrt. Wenn wir versuchen, die Stimme zu ignorieren, indem wir geistig anderswo hinschauen, wird sie unserer Aufmerksamkeit ebenso wenig entgehen wie ein Vorhang, den wir in dem Augenwinkel flattern sehen. Auch wenn wir versuchen, sie zum Schweigen zu bringen, indem wir summen oder mechanisch ein bedeutungsloses Wort wiederholen, bemerken wir früher oder später, dass die innere Stimme immer noch da ist und weiter versucht, Sätze zu bilden. Sie kann ebenso wenig abgeschaltet werden wie unser Gesichtssinn oder Geruchssinn. Wir können zwar die Muskeln unseres Körpers steuern, und sie hindern, dass unser Stimmapparat die Wörter äußert, doch kann das Sprachzentrum ebenso wenig zum Schweigen gebracht werden, wie wir das Sehzentrum daran hindern können zu sehen, solange die Augen geöffnet sind.
Die Art, wie das Sprachzentrum seine Sätze zusammenfügt, ist eine komplizierte Angelegenheit. Offensichtlich geschieht dies nicht bewusst, denn wir werden der Wörter und Sätze erst gewahr, wenn sie heraussprudeln. Manchmal sind wir beim Sprechen über unsere eigene Redegewandtheit erstaunt und fragen uns, noch während die Worte über unsere Lippen kommen, wo sie denn um alles in der Welt herstammen.“ [36]

Was John McCrone beschreibt, ist nicht ganz so selbstverständlich und so Natur, wie er annimmt, sondern sehr wohl auch eine Frage der Kultur, der Sprach-Anlage und der Sozialisation. Es ist insbesondere die zivilisatorisch-urbane Kultur, die hochgradig auf der Sprach-Ebene existiert, was mit einer überaus hohen Reizung des Sprachareals verbunden ist.

[36] John McCrone: Als der Affe sprechen lernte, S. 191 f.

Im Grunde war es erst dieses weit reichende geistig-neurologische Chaos im Verlust der genetischen Verhaltenssteuerung bis hin zu diesem neurologischen Dammbruch, das in der humanevolutionären Entwicklung zu der Entwicklung einer umfassenden systematischen Software zur Befähigung zu Selbststeuerung, Kommunikation und Kultur zwang, wollte man dem Untergang entgehen.

Aus der Bewältigung dieses Dammbruchs entstand nun umgekehrt der entscheidende Durchbruch aus der bei den Hominiden endgültig entstandenen evolutionären Sackgasse der höheren Großhirn-Anlage.

Diese Systematik hat zwei verschiedene Pole als Ausgang. Die eine Voraussetzung lag in der Entwicklung eines >kulturarchitektonischen< Bauplans seiner kulturellen Anlage. Denn es versteht sich, dass die Entwicklung fähiger Sozialverhältnisse mehr an Reflexion und gemeinschaftlichen Klärungen verlangt als der Bau eines Hauses bei uns. Ohne einen solchen Bauplan ist Kultur gar keine Möglichkeit.

In Verbindung mit der Entwicklung dieses Bauplans von Kultur kam es auch zu den hierfür notwendigen kulturellen Steuerungs-Begriffen wie z.B. >Gerechtigkeit<, ohne die und ihr Beherrschen Kultur (im Sinne unserer kulturalen Anlage) nun mal keine Möglichkeit ist. Daraus entstand die Verbindung zu dem anderen Pol, nämlich dem Aufbau seiner Sprach-Anlage. Es versteht sich, dass Sprache die Sprach- und Bewusstseins-Entwicklung der Kinder zu berücksichtigen hatte. Die Lösung, in die >Steinzeit-Menschen< in ihrem dialogischen Verhältnis mit den Kindern verfielen, bestand in einer Sprach-Konzeption, die ganz stringent auf der kindlichen Sprach- und Bewusstseins-Entwicklung aufbaute. Den Abschluss dieser Sprach-Konzeption bildete die Jugend-Initiation, wo nun in endgültiger Konsequenz zu lernen war, dass die Bilder und Geschichten *Bilder* und *Geschichten*: *Sprache* zum Zweck von Selbststeuerung, Kommunikation und Kultur waren: Neuropsychogrammatik und *unmöglich* die Realität selbst.

3.5 Die humanevolutionäre Weiterentwicklung von Sprache

Wir sind mit einer Sprache aus lediglich Vokabular und Grammatik noch lange nicht beim >Menschen<. Mit einer Sprache aus lediglich Vokabular und Grammatik ist, modern formuliert, lediglich >Produktion und Dienstleistung< möglich, nicht aber die eigentliche Verhaltenssteuerung, die der entscheidende Inhalt der humanevolutionären Entwicklung in Ablösung von der genetischen Verhaltenssteuerung war.

Die Sprachform aus Vokabular und Grammatik ist die Entwicklung auf der Stufe der Hominiden. Diese Entwicklung bedeutete eine entscheidende Verlängerung der Großhirn-Funktionen, d.h. eine Erweiterung des Potentials der genetischen Verhaltens-Steuerung des Zwischenhirns. Die Sprache aus Vokabular und Grammatik baut noch auf der genetischen Verhaltens-Anlage der Tier-Stufe auf, die bei der Anlage der Hominiden immer noch bestand. Die Sprache aus lediglich Vokabular und Grammatik musste hier noch keiner Verhaltenssteuerung dienen, aber sie konnte es auch nicht.

Die humanevolutionäre Entwicklung baute wohl auf dieser hominiden Sprach-Ebene von Vokabular und Grammatik auf. Es ist nicht zu sehen, dass der evolutionäre Schritt zur Fähigkeit zur Selbststeuerung seines Verhaltens ohne diese Voraussetzung möglich gewesen wäre. Die humanevolutionäre Entwicklung hat diese Entwicklung übernommen, und zwar einerseits in ihrer Funktion für >Dienstleistung und Produktion< und andererseits als die äußere Form ihrer Weiterentwicklung von Sprache. Das heißt: Vokabular und Grammatik sind bei uns Homo sapiens die Form, in der wir Sprache *handhaben*, aber nicht mehr das Eigentliche von Sprache. Dazu ist der sprachlich bestimmte Bereich unserer Neurologie zu komplex, wie auch die eigentliche Verhaltenssteuerung auf der Ebene von Vokabular und Grammatik keine Möglichkeit ist.

Die humanevolutionäre Form von Sprache entstand erst in der langen Zeit in Verbindung mit der Entwicklung zur Befähigung zur Selbststeuerung wie von Kultur als dem Gesamten fähiger Beziehungs- und Sozialverhältnisse.

Graphische Veranschaulichung des Unterschieds in der neurolinguistischen Funktionslogik

Schwarz: die Verhaltenssteuerung im Zwischenhirn
weißer Kreis Großhirn (Neokortex)

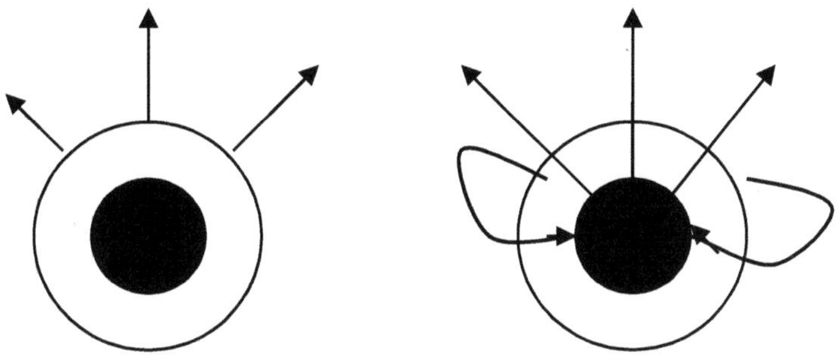

Hominide	Homo sapiens
Erweiterung des Potentials der genetischen Verhaltenssteuerung	+ zusätzlich Befähigung zur Selbststeuerung
Sehen – Planen – Handfertigkeit **Technik**	+ Befähigung zur Gestaltung d. Sozial- & Beziehungslebens **Kultur**
Vokabular & Grammatik	+ Bilder & Geschichten (Neuropsychogramme)

Dieser Prozess nimmt sowohl neurologisch als auch sprachlich notwendigerweise zwei entgegengesetzte Richtungen an. Einerseits geht es um das Erreichen einer **tieferen** Ebene in dem neurologischen System, um Einfluss auf die bisherige Verhaltenssteuerung im Zwischenhirn-Bereich zu erlangen. Anderseits ist dafür auch ein entscheidend **höheres** oder *umfassenderes* Verstehen als bis dahin notwendig, da es hier nicht mehr nur um bei uns sekundäre Prozesse wie die Organisation von Nahrung und die Bewerkstelligung von Produktion geht. Oder anders formuliert: es geht nicht mehr bloß um den Gebrauch von Anwendungs-Programmen, sondern auch um ein Verstehen im Umgang mit der kulturellen Software-Struktur im Ganzen. Dies bedeutet nicht, dass hier jede/r sämtliche Programmierungs-Momente beherrschen musste. Die Entwicklung der notwendigen Programme und Sprache vollzog sich auch über die Länge des humanevolutionären Prozesses in vielfältigen Schritten. Doch die Ebene eines bloßen Gebrauchs von Anwendungs-Programmen ist in jedem Fall menschlich unzureichend und führt früher oder später ins soziale Scheitern, allein schon, weil dies schlichtweg zu >langweilig< ist.

Tatsächlich werden diese beiden neuartigen Dimensionen an Sprache jenseits der Stufe der Hominiden ersichtlich: einerseits in der Ausprägung von Sprache in **Sets** aus Bildern und Geschichten und andererseits in der Entwicklung der kulturellen Steuerungsbegriffe wie z.B. >Gerechtigkeit<, ohne die ein Bestand von Kultur keine Möglichkeit ist. Im ersten Moment erscheint wohl ein Begriff wie >Gerechtigkeit< als ein Wort wie >Stock<. Doch ist mit den kulturellen Begriffen eine semantisch-neurologische Komplexität verbunden, die je nach ihrer Steuerungsfunktion eine entsprechende gesellschaftliche Entwicklung von Kultur wie auf der Ebene der Individuen an *kulturellem* Lernen voraussetzt. Anders als >Stock holen< ist von daher für einen Hund ein Verstehen von >Gerechtigkeit< keine Möglichkeit.

Beide Stränge beginnen in der Evolution wie ontogenetisch in der Sozialisation der Kinder mit Sprachspielen und Geschichten. Die kulturellen Begriffe erwachsen aus den Neuropsychogrammen der Kleinkind-Geschichten (z.B. >Märchen<) und den höheren Kinder-Spielen, die als Theater-Skript-Geschichten dem Verstehen und Einüben der Selbststeuerung und einem fähigen Sozial-Verhalten und –Leben dienen.

3.5.1 Sprachspiele und Geschichten

„Kleine Kinder lieben Geschichten und wollen immer wieder welche hören. Sie können komplexe Zusammenhänge begreifen, sobald man sie ihnen in Form von Geschichten präsentiert […].“ [37]

„Märchenstunden sind die höchste Form des Unterrichtens.“ [38]

> „Ein guter Lehrer wird Geschichten erzählen. […] *Geschichten* treiben uns um, nicht *Fakten.* Geschichten enthalten Fakten, aber diese Fakten verhalten sich zu den Geschichten wie das Skelett zum ganzen Menschen. Wer glaubt, beim Lernen gehe es darum, Fakten zu büffeln, der liegt völlig falsch; Einzelheiten machen nur im Zusammenhang Sinn, und es ist dieser Zusammenhang und dieser Sinn, der die Einzelheiten interessant macht. Und nur dann, wenn die Fakten in diesem Sinne interessant sind, werden wir sie auch behalten.“ [39]

Die evolutionär neuartige Dimension und Qualität des Spielens haben in dem Bereich Sprache ihre Grundlage. Angesichts der entscheidend höheren neurologischen Unreife des menschlichen Nachwuchses zum Zeitpunkt seiner Geburt kam dem Sprachlichen im Umgang mit diesen Säuglingen eine entscheidend hö-

---

[37] Oliver Sacks: Der Mann, der seine Frau, S. 242

[38] So der Hirnforscher: Gerald Hüther: Was wir sind, S. 164

[39] Der Neurowissenschaftler: Manfred Spitzer: Lernen, S. 35

here Bedeutung zu. In der hohen Unbeholfenheit der Säuglinge war das Sprachliche der erste Bereich ihrer Möglichkeiten. Die Verwendung von Sprache im Umgang mit den Säuglingen verhinderte, dass die neurologische Unreife zu einer – evtl. gar tödlichen - Behinderung erwuchs. Dass aber die Sprache bereits in diesem neurologisch so frühen Zustand wirksam wurde, schuf die physiologische Voraussetzung dafür, dass das Sprachliche fundamental in das neurologische System integriert wurde. Dies wiederum war die Voraussetzung dafür, dass Sprache nicht bloß wie wohl bei den Hominiden eine Verlängerung der genetischen Verhaltenssteuerung blieb, sondern auch die Möglichkeit zur Selbststeuerung des Verhaltens erschloss. Hier hat das Sprachliche zunächst nicht die Funktion von Problemlösungen und Diskussion. Es beginnt zunächst als *ei-tei-tei* und *du-du-du* als Spiel im Beziehungsverhältnis: als Grundform von Kultur.

Sprach-Spiele (Laut-Spiele, Sprüche, Lieder)

Auf einem Baum ein Kuckuck
Simsaladim bamba saladu saladim
Auf einem Baum ein Kuckuck saß

Abra Kadabra
dreimal schwarzer Kater

Die Laut- und Sprachspiele sind das Fundament des Sprach-Erwerbs beim menschlichen Nachwuchs. Es sind diese Laut- und Sprachspiele, in denen die Durchdringung des Sprachlichen im neurologischen System im Gehirn beginnt und mit denen zunächst erst mal das Broca- und das Wernicke-Zentrum (in unserem Gehirn) zwecks Verstehens der Sprachlaute und Artikulationsfähigkeit als Basis des Sprachgebrauchs trainiert werden. Dieser Sachverhalt lässt sich im Verhältnis einer sehr anderen Sprache begreifen. Es geht hierbei nicht bloß um das Erlernen unbekannter Vokabeln: man muss zunächst die Phoneme akustisch identifizieren und dann auch artikulieren lernen. Dies kann so schwierig sein, dass man es als Erwachsener nicht mehr zureichend zu adaptieren vermag.

Doch ist das Bedeutsamste des Sprach-Gebrauchs zuallererst, dass der Säugling nicht in seiner so hohen Unbeholfenheit verkommt, sondern in dieser ihm entsprechenden Form Anregung erhält. Die Sprache in ihrem Eigentlichen verstehen kann der Säugling noch lange nicht. Er hört die Sprache entsprechend >Abrakadabra< als bloße Laute, kann aber empfinden, dass sie >Bedeutung< enthalten.

Aus diesen Zusammenhängen heraus dürfte auch die Entwicklung von Musik und Singen entstammen. Interessant ist hier unser Wort *lallen*. Es entstammt einer der ersten Lautbildungen des Säuglings als etwa *la-la-la.* Die ersten eigenen Lautbildungen des Säuglings wie *la-la-la* wurden als diese Laute aufgenommen und verstärkend zum Spiel wie u.a. dem Singen gebraucht. Auf diese Weise konnte die noch höchst eingeschränkte Artikulationsfähigkeit des Säuglings auf andere und einfachere Weise differenziert werden (Atmung, Mundöffnung; Tempo, Tonhöhe usw.). Dieses *La-La-La* wurde von den Wortzusammenhängen offenbar auch zum Beruhigen zum Einschlafen verwenden (>einlullen<) [beachte auch die Wortbildungen *Stillen, lullen – Lolly – lutschen* usw.].

Es ist dieser Verbund von *Hören – Erleben – Interesse am Spiel*, der evolutionär ein noch entscheidend verstärktes Interesse an Sprache auf der Säuglingsstufe weckte. Dies dürfte der Beginn der humanevolutionären Entwicklung gewesen, wo sie von den gleichzeitigen Hominiden abging. Denn es ist dieser Verbund zwischen der höheren neurologischen Unreife zum Zeitpunkt der Geburt und der deswegen neuen Funktionslogiken von Sprache, mit der sich die Scheidung zwischen den Hominiden und der humanevolutionären Entwicklung mit ihrer Entwicklung von Kultur verknüpfen dürfte. Hier liegt auch die evolutionäre Ursache, dass Sprache zu einem Instrument der Verhaltenssteuerung *werden konnte* – eine Entwicklung, die freilich erst Schritt für Schritt in der Humanevolution erreicht wurde (s.u.).

Auf dieser physiologischen Grundlage wurden nun diese Sprachspiele wie zuerst *ei-tei-tei* und *du-du-du* zum Ausgangspunkt der Evolution von Kultur und der neuen Sprach-Entwicklung im humanevolutionären Prozess. Diese Sprachspiele eröffneten eine neue Dimension von Spiel wie u.a. auch das Singen, Rollen- und Interaktionsspiele (wo man etwa Tiere nachspielte) wie das Erzählen von Witzen, Abenteuern, Märchen, Fabeln usw.

Der entscheidende Sachverhalt der humanevolutionären Entwicklung von Sprache war, dass hier nun >Geschichten< und Bilder zur Basis der Sprach-Anlage wurden. In Form der mit seiner Existenz und seinen Gefühlen/Empfindungen verbundenen >Geschichten< erhielt man einen Zugriff auf den Zwischenhirn-Bereich der genetischen Verhaltenssteuerung, was die Möglichkeit der Selbststeuerung eröffnete.

Ganz entsprechend der humanevolutionären Weiterentwicklung von Sprache und Kommunikation formuliert der Psychologe M.L. Moeller als eine seiner >Fünf goldenen Erkenntnisse<:

> „Ich möchte in unserer Beziehung lernen, mich in konkreten Erlebnissen und nicht in Begriffen zu erläutern, weil Bilder und Geschichten erst wirklich tief gehend und umfassend wiedergeben können, wer ich bin – und wer Du bist.“ [40]

„Geschichten *treiben uns um, nicht* Fakten. *Geschichten enthalten Fakten, aber diese Fakten verhalten sich zu den Geschichten wie das Skelett zum ganzen Menschen. Wer glaubt, beim Lernen gehe es darum, Fakten zu büffeln, der liegt völlig falsch; Einzelheiten machen nur im Zusammenhang Sinn, und*

[40] Michael Lukas Moeller: Die Liebe ist das Kind der Freiheit, S. 16

> *es ist dieser Zusammenhang und dieser Sinn, der die Einzelheiten interessant macht. Und nur dann, wenn die Fakten in diesem Sinne interessant sind, werden wir sie auch behalten.“* [41]

Dies gilt seit der Ablösung von der genetischen Verhaltenssteuerung zuerst insbesondere für die Sozialisations-Entwicklung. Bevor die Fakten als Einzelheiten von Interesse werden können, braucht es erst einmal einen *Rahmen* im Denken und Verstehen (= in seiner >Bewusstseins-Struktur<).

> „Kinder brauchen sie [*Märchen*], um ein elementares Ordnungsgerüst zu erkennen, sie brauchen sie, um ihre noch diffuse Phantasie an Gestalten zu binden und somit ihre Welt dingfest zu machen. Märchen helfen den Kindern, sich in der Welt zu orientieren.“ [42]

In seinem immer noch wichtigen Buch >Kinder brauchen Märchen< führt *Bruno Bettelheim* dies in vielem näher aus. In dem interessanten Buch >Märchen als Therapie< zeigt die Psychologin Verena Kast in anderer Hinsicht deren Bedeutung.

Von der Sache her sind die Logiken dieser Geschichten für die Kinder als **Neuropsychogramme** zu verstehen. Diese Neuropsychogramme sind die **Brücke zwischen Denken/Sprache und der Zwischenhirn-Ebene der Verhaltensprogramme**, die die Grundlage der Selbststeuerung stellt. Sie waren in der Wechselwirkung der humanevolutionären Entwicklung gleichermaßen die Folge der Ablösung von der genetischen Verhaltenssteuerung wie umgekehrt die Voraussetzung der Entwicklung der Selbststeuerung und von Kultur.

[41] Der Neurowissenschaftler: Manfred Spitzer: Lernen, S. 35
[42] Emma Brunner-Traut: Altägyptische Märchen, S. 9

*Mit einer wohl dem Sinn der paläolithischen „***Venus***"-Figuren entsprechenden Felsmalerei beginnt bei den Ngarinyin-Aborigines der* dulwan nimindi (>Pfad des Wissens<) *mit einer Personifikation von* Jillinya, *der* >mother of all<, *deren Hände Gruß bedeuten. Es formuliert ihr* Kultur*konzept vom Leben als Bewusstseins- und Persönlichkeits-Entwicklung (Jeff Doring: Gwion Gwion, S. 36 ff., die direktesten Bilder S. 44 und 45)*

Die Nachzeichnung ist aus inhaltlichen Gründen vereinfacht und der >Pfad< aus graphischen Gründen hier auf etwa die Hälfte verkürzt gezeichnet. Im Original ist die Farbe sehr verblasst, und die Konturen sind von dem nicht ganz ebenen Felsuntergrund beeinflusst. Das Motiv ist nur ein Ausschnitt aus dem erheblich komplexeren Felsbild mit weiteren Figuren und Symboliken.

-

3.5.1.1 Das Motiv der >Mond-Mutter<

„Der Mond-Kult [besser: die Mond-**Mythologie**] *ist über die ganze Erde verbreitet.“* [43]

In gewisser Weise versteht sich, dass die besondere Sprache für die Kleinkind-Stufe nur von den Kindern selbst erfunden werden konnte. Die Bedeutung der Erwachsenen bestand hierbei darin, dass sie die kleinkindlichen Lalllaute entsprechend *du-du-du* und *ma-ma-ma* und die Geschichten für die Kinder, auf die die Kinder positiv reagierten und die sie zu hören wünschten, gesammelt und tradiert haben und all dies zu einer sprachlichen Gesamtkonzeption (→ 3.6.2) integriert haben.

Infolge der nun auch sprachlich permanenten Gehirnaktivität kommt es bei den Kindern gemeinhin zu einer Phase der berühmten Warum-Fragen.

Dieser Sachverhalt trat irgendwann auch humanevolutionär auf den Plan, und hiermit eröffnete sich die eigentliche humanevolutionäre Entwicklung, und zwar im Besonderen an dem Punkt, wo die kindliche Fragestellung relevant wurde, wo sie denn eigentlich herkamen.

Von der Mutter, war die nahe liegende Antwort. Doch konnte diese Antwort den *neurologischen* Denk-Prozess nicht befriedigen. Wo kam dann aber die Mutter her? Von ihrer Mutter. Ja, und diese? Von ihrer Mutter. Und diese? Von ihrer Mutter. Und diese? Usw. etc. pp. Auf diese Weise war einfach keine befriedigende Antwort zu erreichen, und das ist auf diese Weise auch grundsätzlich unmöglich, weil es *hierbei* letztlich nur darum gehen kann, sein *eigenes* Denken und Bewusstsein: seine *Neurologie* zu verstehen.

---

[43] Friedrich Heiler: Erscheinungsform und Wesen der Religion, S. 56

Wir wissen nicht, wie lange die Frühmenschen an dieser Problemstellung festhingen, aber wir kennen das Ergebnis. Wahrscheinlich waren es wieder einmal die Kinder, die - als die Erwachsenen mit ihren rationalen >Denken< gequält am Ende waren – *die* entscheidende Antwort im spontanen Spiel-Witz fanden: am Anfang war die >Mutter-Mutter-Mutter-Mutter<: die *Ma-Ma-Ma-Ma-Ma-Ma-Ma-Ma-Ma*, in sachlicher Kurzform die *Ma-Ma-Ma* oder *Ma-Ma*: die >Ur-Mutter< (>of all<; >aller/alles Lebenden<).

Dieses Motiv wurde wohl fast aus sich selbst heraus mit dem (Voll-) Mond verbunden, bot es sich (etwa mit dem >Mondgesicht<) an, dieses erzählerische Motiv für die Kleinkinder handfest zu machen, es zu illustrieren und auszuspinnen, genauso, wie dies heute noch in den Kinderbüchern der Fall ist.

Insgesamt handelt es sich mit etwa *Ma-Ma (-Ma)* in der humanevolutionär entwickelten Sprache in sich schon um ein Wort-Spiel. Denn *Ma* steht für >Mutter<, aber auch für >Ur-, Anfang<, für >Vater<, für >Mond<, für >groß<, für >mein< usw. Insofern kann *MaMa* auch ganz einfach >Mutter< bedeuten, aber auch >Großmutter<, >Ur-(Groß-)Mutter<, (die mythologische) >Mond-Mutter< usw. Bei Bedarf konnte man diese Unterschiede durch Betonungen, Dehnungen (MāMa) oder lautliche Abwandlungen zum Ausdruck bringen, wie etwa *MaMu* oder auch *MaNa* (> *Mond, Mensch, Minne, mind*).

Mit diesem Motiv von *Ma (-Ma-Ma)* >Ur-Mutter< hatte man mit dem Bezug zu *Mond* tatsächlich schon den gesamten Rahmen für seine Mythologie gefunden. Mit dem >Mond< als Motiv für die/den >UrMutterVater< = $UrA^{h}n^{os}$ konnte man den Kindern erklären, von woher sie *eigentlich* auf >die Welt kamen< und wo man dereinst nach seiner Reise auf der Welt wieder sein würde, „wo sich alle wieder treffen" (frz. *mère – mars/mors;* lat. die *Manen*).

„Diese Holzmaske ist ein Ausdruck der Inuit-Kosmologie. Das Gesicht in der Mitte repräsentiert einen der wichtigsten Geister, den des Mondes. Die umgebenden Ringe stehen für die unterschiedlichsten Schichten des Universums, während die Federn die Sterne des Himmels darstellen.“ [44]

Freilich konnte das Motiv *Ma-Ma* nur deswegen eine >Antwort< auf die kleinkindliche Frage „nach dem Ursprung allen Lebens“ sein, weil sie keine mathematisch logische war, sondern im Verstehen der kindlichen Neurologie ein *Spiel* eröffnete. Wäre *Ma-Ma* tatsächlich eine mathematisch logische Antwort auf die Frage nach >dem Ursprung< gewesen, hätte sie neurologisch automatisch die Frage provoziert, wo denn nun *Ma-Ma* herkam – und nichts wäre gewonnen gewesen. Diese Antwort hätte das Eigentliche der Frage, nämlich unsere Neurologie nicht verstanden. Die richtig verstandenen *Bilder* und *Geschichten* sind auf dieser neurologischen Ebene der einzig sachgemäße und *aufgeklärte* Umgang damit.

[44] Text und Nachzeichnung nach: G. Burenhult: Illustrierte Geschichte der Menschheit V, S. 160

Natürlich erzählten die Geschichten dem Kind entsprechend seinem Bedürfnis von dem Glück, hier auf diese Welt gekommen zu sein, die *Ma-Ma* extra >für uns geschaffen< hat; was es alles Tolles im Leben zu entdecken galt; dass *Ma-Ma,* Mama, Papa und Andere für das Kind da seien und dass es wunderschön war, dass sie alle zusammen seien und sich lieb hatten. All dies konnte im Näheren und Weiteren beliebig ausgeschmückt werden.

Dieses Motiv von >Mond= Ur-MutterVater< konnte man in Form der Schöpfungs-Mythologie in jeder beliebigen Hinsicht auf Natur und Kultur ausführen. Damit hatte man ein geniales didaktisches Prinzip gefunden. Statt langweiligem Unterrichten konnte man nun alles in für die jüngeren Kinder interessante Geschichten verpacken.

In gewisser Weise lag in diesen Geschichten der nun effektive Ursprung der humanevolutionären Entwicklung von Kultur, und dies gleichzeitig auf verschiedenen Ebenen. Dadurch dass in diesen Geschichten die seelische Komponente in einer völlig neuartigen Form ins Bewusstsein drang und von Bedeutung wurde, bekamen die theaterartigen Rollen- und Verhaltens-Spiele der Kinder ein neues Moment in der Entwicklung des Verhaltens.

Als ein originäres Motiv der ursprünglichen Mythologie kann folgender Beleg aus Sibirien gelten:

> „Die Seelen der Ahnen steigen nach einiger Zeit zum Mond empor, dann können sie noch einmal auf der Erde geboren werden. Denn der Mond bringt die Seelen der Kinder zu den Frauen, wenn sie Mütter werden.“ [45]

[45] Helma Marx: Das Buch der Mythen, S. 388

3.5.2 Die Sprachform der Betriebssystems-Ebene

In den Anfängen dieser Entwicklung werden sowohl die neurologischen Zustände als auch die Erfindung der neuropsychogrammatischen Motive und Geschichten noch partiell gelegen haben. Doch muss in der weiteren humanevolutionären Entwicklung in der Sammlung dieser neuropsychogrammatischen Motive und Geschichte eine Systematik in der Entsprechung der neurologischen Struktur des Menschen entstanden sein. Denn diese Systematik war eine Voraussetzung für die Entwicklung der vollgültigen Selbststeuerung. Mit partiellen Motiven mag wohl an den entsprechenden Punkten eine Befähigung an Steuerung entstanden sein, aber deswegen noch lange nicht das Eigentliche der vollen Steuerung seiner Persönlichkeit und seiner Sozialverhältnisse. Dies wurde erst mit einer umfassend integrierten Systematik der neuropsychogrammatischen Motive als Sprache wie an >Kultur< möglich.

Dies alles ist als Zusammenhang zu sehen. Die Sprache der neuropsychogrammatischen Motive stellte die zur Steuerung von Kultur und Persönlichkeit notwendigen kulturellen Begriffe wie z.B. >Gerechtigkeit<. Der *Begriff* >Gerechtigkeit< ist, wiewohl formal vergleichbar, doch von seinem Inhalt her etwas fundamental anderes als das *Wort* (für) >Stock<, was auch ein Hund verstehen kann. Solche Begriffe wie >Gerechtigkeit< setzen ein Verstehen von Kultur voraus, wie umgekehrt Kultur erst durch ein hinreichendes Verstehen der für Kultur notwendigen kulturellen Steuerungsbegriffe wie etwa >Gerechtigkeit< oder >Frieden< möglich wird, wie das Autofahren erst durch seine Steuerungsanlage mit Brennstoff, Bremse und Lenkrad und ein Beherrschen des Steuerns.

Diese Systematik ist der ursprüngliche Sachverhalt der >Mythologie< (vor dem Ende der Eiszeit). Sie ist das Eigentliche und Entscheidende der humanevolutionär entwickelten Sprache bis zum Ende der Eiszeit.

> „Sprache ist in Mythen begründet (Mythos heißt in seiner ersten Bedeutung das Wort), und der Mythos umfasst noch beides, den Primär- wie den Sekundärvorgang, die Vergangenheit wie die Zukunft, die Emotionalität und das rationale Erklärungsbedürfnis.“ [46]

In der Tat: „Am Anfang war das Wort“ = der *logos* = der *Mytho-Logos* (man beachte die Verbindung *Wort* = dän. *ord* = lat. *ordo* – *Ord*nung!). Die Mythologie als die erzählte Form der sprachlichen Organisation war in der humanevolutionären Entwicklung die didaktisch und als Sprache in Worten und Begriffen aufbereitete *Essenz* der Kultur- und Lebenserfahrung wie der Selbst- und Menschenkenntnis (>Erkenne Dich selbst<).

Durch die Mythologie wurde der Mensch diskursiv, bewusst, *Subjekt, Kommunikations-* und *Kulturwesen.* Durch die Mythologie als dialogisches Verhältnis zu den Kindern lernte sich der Mensch in seiner Bewusstseins-Entwicklung, in seinen emotionalen Bedürfnissen, in seinen Lernformen und Wahrnehmungen kennen und begreifen. Durch die Mythologie lernte sich der (Vor- und frühe) Mensch als *Mensch* verstehen, und so verstanden war die Mythologie in der Tat die Grundlage für das damalige Hinauskommen des Menschen über die Tierstufe. Dieses war freilich nur mit einer ganz bestimmten Mythologie und nur einem aufgeklärten Verhältnis zu ihr als Erwachsener möglich.

Das, was die humanevolutionär entwickelte Sprache von der hominiden Sprache aus bloß Vokabular und Grammatik im Entscheidenden unterscheidet, ist >die Mythologie<.

---

[46] Wolfgang Schmidbauer: Wie Gruppen uns verändern, S. 149

Modell:

Evolution von Sprache	Biologische Art
Von **Lauten** zu **Wörtern**	***Hominidus habilis***
Von **Wörtern** zu 2- + **3-Wort-Sätzen**	**Spätphase** *Hominidus habilis* ►►►
Sätze und **Satzfolgen** *zum* ***Zwecke*** *bzw. im Kontext von* ***Erledigungen*** (von einfachen Anfängen bis später beliebig komplex)	***Hominidus erectus***
Erzählen zur Unterhaltung; erste **mythologische** Motive und erste **kulturelle** Begriffe	***Homo archaicus***
Voll entwickelte **Mythologie + Kultur**	**Archaischer** *Homo sapiens* ►►►
	Homo sapiens

„Erfahrung und Handeln sind nicht möglich, wenn sie nicht ikonisch organisiert sind. Die >Speicherung im Gehirn< von allem, was lebendig ist, muss ikonisch erfolgen. Es ist dies die endgültige Form der Speicherung […].“ [47]

„Der heutige Mensch misst seiner Fähigkeit zu abstraktem Denken zu viel Bedeutung bei. Zwar verdanken wir dieser Fähigkeit einige nützliche Arbeitsmethoden, doch sind wir für ein wirkliches Verständnis abstrakter Gedanken auf einen reichhaltigen Vorrat von Bildern aus dem realen Leben angewiesen. Könnten wir nicht auf diese Erfahrungen zurückgreifen, blieben die abstrakten Gedanken trockene, leblose Worteinanderreihungen, die in uns keine lebendigen Vorstellungen wecken.“ [48]

Babylonischer Grenzstein um 1120 v. Chr. (Ausschnitt). Die zentrale Position der Mond-Symbolik im Alten Orient zwischen >Sonne< (rechts) *und* >Stern<. Nachzeichnung nach: Göran Burenhult, Illustrierte Geschichte der Menschheit III, S. 18

[47] Oliver Sacks: Der Mann, der seine Frau, S. 199
[48] John McCrone: Als der Affe sprechen lernte, S. 152

Modell der humanevolutionären *Weiterentwicklung* von Sprache
wie sie sich mir darstellt:

höhere neurologische Unreife der Geburten →
Sprachspiele wie *ei-tei-tei* und *du-du-du* + „Jägerlatein" →
Tier-Geschichten & menschliche Begebenheiten →
Tier-Rollen-Spiele sowie anthropomorphe Fabeln, Märchen & *Role-Models* (*Modelle für Rollen*)
→ moralisch-kulturelle Verstehens-Entwicklung = Beginn der Selbststeuerung

→ Überblick über seine anthropologischen Gegebenheiten und Möglichkeiten → kulturelle Begriffe → Mythologie
→ die kulturelle Sprach-Anlage →

explizit entworfene Kultur-Konzeption → Realisation von Kultur → die evolutionäre Ausbildung unserer

Art ***Homo sapiens****,* die alles dies an kulturellen Gegebenheiten in ihrer kulturalen Anlage **voraussetzt** (wie ein Computer eine *bestimmte* Software)

3.6 Die Pubertät – der große >Neustart<

Die spezifisch menschlichen Sachverhalte >Pubertät< und/oder >Jugend< begründen sich nicht etwa durch die Geschlechtsreifung als solche, sondern dadurch, dass die humanevolutionäre Entwicklung zwischen Geschlechtsreife und dem nun erst eigentliches Erwachsensein ein neues Moratorium zwecks Entwicklung von Kultur und Persönlichkeit einfügte.

Der Zusammenhang zwischen Pubertät und Geschlechtsreife besteht im Eigentlichen lediglich insofern, als dass bei der Großhirn-Anlage auf der Tier-Stufe die Sozialisations-Prägung mit dem Aufkommen der Geschlechtsreife beendet wird.

Veränderungen im Verhaltensbereich waren in der Kindheit vom Neurologischen her nicht die Schwierigkeit. Insofern begann die humanevolutionäre Entwicklung auch mit der neuen Kultur an Geschichten und Spielen in der Kindheit, womit sich bereits ein neues Sozialverhalten wie auch erste Grundlagen bzgl. einer Selbststeuerung ergaben.

Doch ein Zugriff auf die genetische Verhaltens-Anlage, die mit der Geschlechtsreife endgültig das Verhalten bestimmte, war noch lange keine Möglichkeit. Die neurologischen Zusammenhänge stellten die humanevolutionäre Entwicklung lange (sicher über 200.000 Jahre) vor eine definitive Grenze.

Hier kam es mit der Zeit zu einem doppelten Prozess. Auf der einen Seite wirkte der humanevolutionäre Trend der immer höheren neurologischen Unreife zum Zeitpunkt der Geburt, woraus in Verbindung mit der Wirkung von Sprache eine Ablösung von der genetischen Verhaltenssteuerung entstand (Umbau in der Hardware). Insofern bedeutete die Geschlechtsreife evolutionär weniger und weniger eine feste Grenze in Bezug auf einen vollen Zugriff auf die Verhaltenssteuerung.

Auf der anderen Seite entstand umgekehrt in dem Bereich der Spiele, Geschichten und Sprache ein zunehmend höheres kulturelles (Software-) Niveau wie hierbei auch an Erfahrung bzgl. der Selbststeuerung und einem fähigen Sozialleben.

Von hier aus kam es zu einem neuen Durchbruch: zur evolutionären Ausprägung der Pubertät als einem neuen Moratorium zwischen Geschlechtsreife und der nun erst eigentlichen Erwachsenheit. Insgesamt wird es einige weitere Zeit gedauert haben, bis dieses Moratorium für eine fähige Selbststeuerung in Persönlichkeit, Beziehungs- und Sozialleben hinreichend kulturell erschlossen war. Damit war eine Verlängerung dieses Moratoriums verbunden, das in zwei wesentlichen Stufen bestand: zuerst zur Entwicklung von >Identität< und dann von >Personalität<, was man begrifflich jeweils >Pubertät< und >Jugend< zuordnen könnte. Dieses (Software-) Ergebnis wurde im Vorfeld vor unserer Art Homo sapiens erreicht. Die entsprechende kulturale Anlage, über die bis dahin nur besondere Persönlichkeiten verfügten, wurde als das Optimum mit Homo sapiens dann zur allgemeinen genetischen Hardware.

Der biologische Prozess der Pubertät kann in dieser Form ausschließlich unserer Art Homo sapiens und den bereits genetisch entsprechenden Individuen des Archaischen Homo sapiens zugeordnet werden. Es geht bei der Pubertät nicht eigentlich um die Geschlechtsreife. Vielmehr löst, exakt betrachtet, das Aufkommen der Geschlechtsreife den Prozess der Pubertät aus.

Der eigentliche Inhalt der Pubertät verknüpft sich (im ontogenetischen Durchlauf des phylogenetischen Schritts vom >Tier< zum >Menschen<) mit dem *persönlichen* Erwerb der Befähigung zur Selbststeuerung in Bewusstsein und Verhalten.

Was also als Pubertät im Vergleich zu der Computertechnologie abläuft, ist ein >Neustart< nach der ganzen Installation während der Kindheit, um nun als angehendes *Subjekt* diese Installation in seiner kulturalen Hardware zu integrieren und hierbei zu dem tatsächlichen Subjekt seiner Verhaltenssteuerung zu werden (das man als Kind praktisch nur recht bedingt war).

Psychologisch formuliert bedeutet dies den Schritt von Es + Über-Ich zum eigentlichen *Ich* (als Subjekt wirklicher Selbststeuerung, nicht mit dem *Ego* als eigentlichem Abwehr-*Mechanismus* zu verwechseln). Dieser Schritt verknüpft sich auf der ersten Stufe mit der Entwicklung von >Identität< als der Befähigung zur *Selbst*steuerung: wo nun das >Ich< erst wirklich sein >Selbst< steuert, was selbstredend entsprechende Kenntnisse seines Selbst voraussetzt (>erkenne Dich selbst<).

Neurologisch betrachtet verknüpft sich diese Entwicklung mit entsprechenden Verstehens-Prozessen im Frontallappen-Bereich, die nun in Bezug auf die volle Verhaltenssteuerung wirksam werden.

> „Der frontale Kortex ist dasjenige kortikale Areal, dessen Verbindungsfasern zu anderen Arealen im Laufe des Lebens als letzte mit Myelin ummantelt werden. Diese Myelinisierung der Fasern zum und vom frontalen Kortex ist erst zur Zeit der Pubertät oder teilweise sogar noch später abgeschlossen (Nelson & Luciana 2001). Damit geht dieser Teil des Gehirns als letzter […] *on-line* […].
> […]
> Dies hat den Vorteil, dass Erfahrungen mit den Folgen bestimmter Handlungen eine aktuelle Handlung steuern bzw. beeinflussen können. Je besser im frontalen Kortex Kontexte und frühere Bewertungen repräsentiert sind, desto eher ist es möglich, dass Handlungen nicht durch Lust und Unlust oder durch äußere Belohnung und Bestrafung [*wie auf der Tier- oder der Kinder-Stufe*], sondern durch Erfahrung geleitet werden.“ [49]

[49] Manfred Spitzer: Lernen, S. 352

> „Einen freien Willen kann auch niemand entwickeln, dessen präfrontaler Cortex nicht mehr richtig funktioniert oder noch nie funktioniert hat.“ [50]

Doch ist dieser Bereich etwa auch für eine hinreichende Wahrnehmung seiner Gefühle von Bedeutung:

> „[... Der Neurowissenschaftler] Damasio führte diese Gefühlsblindheit darauf zurück, dass mit dem Hirntumor ein Teil von Elliots Präfrontallappen entfernt worden war.“ [51]

Alles in allem:

> „Daher ist das Frontalhirn wesentlich für funktionierendes *Sozialverhalten* und das Sich-in-andere-Hineinversetzen, die Empathie.“ [52]

Es versteht sich von *sämtlichen* hier ersichtlichen Zusammenhängen, dass die Befähigung zur Selbststeuerung insbesondere in Hinsicht auf Liebe/Beziehung, Sexualität und das Geschlechterverhältnis von entscheidender Bedeutung ist, vor allem auch in sozialer Hinsicht. Doch setzt auch umgekehrt eine wirkliche >Beziehung< Identität und eine Befähigung zur Selbststeuerung wie auch zu Kommunikation voraus.

In evolutionärer Hinsicht ist diese Entwicklung an der Ausprägung des Stirn-Bereichs (Vergrößerung und Aufrichtung der Stirn) zu beobachten. Sieht man von den Übergängen ab, ist bei den Schädelformen ein deutlicher Unterschied zu den Hominiden (auch Hominidus erectus) wie selbst immer noch auch zu den Neandertalern zu erkennen.

---

[50] Gerald Hüther: Was wir sind und was wir sein könnten, S. 139

[51] Daniel Goleman: Emotionale Intelligenz, S. 75

[52] Manfred Spitzer: Lernen, S. 331

3.6.1 Das Steuern und der Steuerungs-Prozess

Eine wirkliche Nutzung des Computers wird erst auf der Basis eines qualifizierten Betriebssystems und dessen vollgültiger Installation möglich. Eine dazu qualifizierte Betriebssystem-Software wie deren volle Installation ist beim Menschen analog die Prämisse, die erst eine wirkliche und auch fähige Selbststeuerung sowie Kultur in voller sozialer Hinsicht ermöglicht.

Worin es nun beim Menschen auch noch über diese Computer-Ebene hinausgeht, ist, dass er auch der >User< dieser Steuerung und Programme ist: das also, was im Eigentlichen als >Subjekt< und als das >Ich< - nämlich in Hinsicht auf die eigentliche Verhaltenssteuerung - zu verstehen ist. Unter der Voraussetzung der Selbststeuerung wird nun alles menschlich Positive im Prinzip möglich, ganz analog wie das Nutzen eines fahrtüchtigen Autos mit Fahr-Erfahrung (Führerschein). Natürlich bestehen hier verschiedene Prämissen wie fester Boden bzw. sinnvolle Sozialverhältnisse. Doch bei diesen Gegebenheiten kann man genau wie mit dem Auto mit der Selbststeuerung die unterschiedlichsten Ziele und Routen aufnehmen. Unter den Voraussetzungen der Selbststeuerung wird Vieles an Lebens-*Qualität* möglich: an Freiheit, Liebe - Beziehung, Abenteuern und an Kulturellem wie Spiel, Sport, Kunst, Musik, Technologie usw., wie es sich insgesamt in der Geschichte der Menschheit belegt.

Doch mehr noch als bei einem Computer und der Software geht es bei >Kultur< und der entsprechenden kulturalen Anlage des Menschen nicht um >irgendetwas<, weder um Technologie noch um Annehmlichkeiten, Spiele, Ästhetik usw. an sich. Die Wiedergabe noch so toller DVD-Filme oder Musik-CDs macht einen DVD-Player noch lange nicht zu einem eigentlichen Computer. Mit einem Computer sind andere Gegebenheiten an Hardware sowie an Software, Installationen und Kenntnissen bzgl. der Bedienung verbunden.

Die höhere Großhirn-Entwicklung war unter besonderen Überlebensproblemen in dem geologischen Umbruch vom Pliozän auf das Pleistozän entstanden und in solchen technologischen Hinsichten auch höchst leistungsfähig, doch an sich auf Kosten des Sozialen. So geriet diese Entwicklung, gerade wo die äußere Not vorbei war, mangels hinreichender sozialer Fähigkeiten letztlich in das Aussterben.

Das Aufkommen der Humanevolution erklärt sich mit der Entwicklung der Spiele, der Selbststeuerung und insgesamt von Kultur exakt von diesem Hintergrund her, dass die genetische Verhaltens-Anlage in der höheren Großhirn-Entwicklung sozial zu unfähig geworden war. Sprich: die Entwicklung von Kultur (Software) und der kulturalen Anlage (Hardware) erklärt sich von der evolutionären Anforderung eines fähigen Beziehungs- und Soziallebens und -Verhaltens. Das Kulturelle wie Spiel (auch Sport), Kunst, Theater usw. steht damit als *Bestandteil* in Verbindung. Doch im Eigentlichen geht es in dem humanevolutionären Prozess um die Überwindung von Konkurrenzkampf-Verhältnissen (>Macht< und Gewalt) hin zur Befähigung zur Selbststeuerung seiner Sozialverhältnisse auf der Basis gemeinschaftlicher Kommunikation.

Ebenso wie ein Computer dem Ausführen bestimmter Software-Funktionen dient (andernfalls kommt er auf den Schrott), so geht es bei uns Homo sapiens bei >Kultur< und der kulturalen Anlage von der evolutionären Anforderung her grundlegend und in **erster Linie** um die Schaffung fähiger Sozialverhältnisse und um die Ausbildung eines fähigen Beziehungs- und Sozialverhaltens. Auf diese Ergebnisse hin ist die humanevolutionär entwickelte Hardware und Software incl. deren Installation angelegt.

3.6.2 Das >Programm< der humanevolutionären Software

>Kultur< als das >Gesamtprogramm< der humanevolutionären Software ist in den entscheidenden Grundfunktionen ebenso wenig beliebig wie eine Computer-Software.

Wohl gibt es in Hinsicht auf >Kultur< ebenso wie bei den Computer-Betriebssystemen und der weiteren Software durchaus verschiedene Möglichkeiten. Verschiedene Unterschiede in den Betriebssystemen kann man als >historisch< (verschiedene Entwickler) wie als >Frage des Geschmacks< begreifen. Andere Unterschiede in der Software stehen mit der Frage ihres Einsatzes in Verbindung, etwa bei der Graphik-Software. Manche Programme sind überaus leistungsfähig, aber oft entsprechend teuer und dann auch mit erheblichen Anforderungen im Beherrschen dieser Software verbunden, dass sie keineswegs per se das *praktisch* Beste sind – ganz bestimmt dann nicht, wenn man die Super-Programme nicht beherrschen lernt.

Eine weitere Komponente ist, dass manche Software ein bestimmtes Betriebssystem voraussetzt, was also in diesen Zusammenhängen zu bedenken ist. Eine Software kann bestens und dennoch bei bestimmten Betriebssystemen nutzlos sein, wie es manchmal auch in der Kombination von verschiedener Anwendungs-Software zu Funktionsstörungen kommt. Alle solche Probleme gibt es auch im kulturellen Bereich, insbesondere bei historischen Umbrüchen (womit wir es auch heute zu tun haben).

Diese >kultur-relativen< Zusammenhänge bedeuten aber nicht, dass deswegen Software = Software wäre. Ein Graphik-Programm mag noch so leistungsfähig sein, doch ist es deswegen kein Betriebssystem. Ganz entsprechend bedeutet eine Menge auch guter kultureller *Momente* wie Kunst, Musik usw. noch längst nicht schon Kultur im eigentlichen Sinn, nämlich als Entsprechung der kulturalen Anlage des Menschen, ebenso wenig wie eine Sammlung auch schöner Teile wie Zierleisten schon das Auto machen.

Es ist entsprechend notwendig zu sehen, dass mit der kulturalen Anlage des Menschen zunächst einmal sehr grundlegende Anforderungen an die Sozialverhältnisse, an das Betriebssystem und an die Installation verbunden sind. Die Verbesserungen in der Anwendungs-Software sind nicht unbedingt dazu qualifiziert, die Probleme eines recht fehlerhaften Betriebssystems zu beheben, und die optimalste Anwendungs-Software nutzt ggf. nicht viel, wenn es wegen einem mangelhaften Betriebssystem oder einer unzureichenden Installation zu ständigen Ausfällen und Abstürzen kommt.

Grundsätzlich ist zu sehen, dass die eigentliche Funktionslogik der humanevolutionären Entwicklung der Software >Kultur< und der entsprechenden kulturalen Hardware auf die Befähigung zu Selbststeuerung und Kommunikation zwecks einem fähigen Beziehungs- und Sozialleben angelegt ist. Dies meinte auf jeden Fall über das hinauszukommen, woran die Hominiden gescheitert waren: etwa das Vergeuden seines Potentials an Zeit und Intelligenz mit Banalitäten und Langweilerei (in Verhaltens-*Mechanismen*), ein Übermaß an Konkurrenz-Verhalten, eine zu primitive Sprach-Anlage, die unweigerlich zu Kleingeistigkeit und zu zu vielen zu verschiedenen Sprachen führte. Kaum zufällig kam es im Historischen bei einem substanziellen Verlust an Kultur zu exakt den gleichen Problemen.

Sowohl das Prinzip der Steuerungslogik als auch die (auch auf der Ebene des Individuums) entsprechende >Identität< bedeuten – wie es auch viele Selbstbezeichnungen der Alten Kulturen (>Mensch<) besagen -, dass die *unterste* Ebene des >kulturellen Programms< da erreicht ist, wo der Mensch >Mensch< ist. Die Ebene von Individualität und Personalität ist hierbei ein *konstitutives* Element. Denn erst mit dieser *Subjekt*-Ebene wird überhaupt eine auch soziale Selbststeuerung auf der Basis von Kommunikation möglich, wie es die kulturale Anlage im Ergebnis der humanevolutionären Entwicklung voraussetzt.

So ist die kulturale Anlage des Menschen durchaus mit einigen Anforderungen verbunden. Auf dieser – absolut machbaren - Grundlage werden wohl die großartigen Unterschiede des menschlichen Potentials im Vergleich zu den genetisch so eng verwandten Schimpansen möglich, doch ohne sie eben auch solche Phänomene wie die Weltkriege, die Faschismen und das *Bore Out* der Schönen Neuen Welt nach der Teenie-Zeit.

Weder für ein Betriebssystem noch selbst für den Bau eines einfachen hiesigen Einfamilien-Hauses reichen die Angaben hin, dass das Ergebnis >schön< oder auch >toll< werden soll. Es versteht sich, dass Kultur nur so weit und nur insofern erreichbar ist, wie man die entsprechenden Sozialverhältnisse zu reflektieren und gemeinschaftlich zu kommunizieren versteht.

Es ist in der Tat nicht zu sehen, dass die humanevolutionäre Entwicklung zur Selbststeuerung überhaupt eine evolutionäre Möglichkeit geworden wäre, wenn man nicht zuvor ein >Programm< der Anlage seiner Sozialverhältnisse entwickelt hätte, auf das man sich gemeinschaftlich verständigen konnte. Gerade damit verknüpft sich der kategoriale Unterschied zu der Verhaltens-Logik der Tier-Stufe, die in Sozialverbänden auf Führen und Folgen bzw. Unterwerfen basiert. Die humanevolutionäre Entwicklung von Kultur wurde allein dadurch möglich, dass man die Gegebenheiten des Menschen überblicken lernte (was jenseits von Macht, Gewalt und Pathologien auch keine zu große Schwierigkeit darstellte) und daraus die treffenden Konsequenzen zog, wo *alle* als *Person* auf ihrer *personalen Ebene* zu ihrem Recht kamen. Eine wirkliche Kommunikation miteinander machte dies sowohl im Grundsätzlichen als auch im jeweils Konkreten möglich.

„Durch die Gewaltfreie Kommunikation werden Sie verstehen, dass

- *alles, was ein Mensch jemals tut, ein Versuch ist, Bedürfnisse zu erfüllen;*
- *es für alle Beteiligten förderlicher ist, Bedürfnisse durch Kooperation statt durch Konkurrenz zu erfüllen;*
- *es Menschen von ihrer Natur her Freude bereitet, zum Wohlergeben anderer beizutragen, wenn sie das freiwillig* [und in ihrer *eigenen* Form] *tun können."* [53]

„Es liegt in unserer Natur, einfühlsames Geben und Nehmen zu genießen. Wir haben uns jedoch viele Muster >lebensentfremdender Kommunikation< angeeignet, die dazu führen, dass wir uns selbst und andere mit unserem Sprachstil und unserem Verhalten verletzen." [54]

„Mittlerweile bin ich davon überzeugt, dass es um Sprache und Kommunikation geht. Die Antwort auf die Frage nach der Ursache von Gewalt liegt in der Art und Weise, wie wir gelernt haben zu denken, zu kommunizieren und mit Macht umzugehen." [55]

M.B. Rosenberg: Gewaltfreie Kommunikation

---

[53] In: Marshall B. Rosenberg: Gewaltfreie Kommunikation, S. 1

[54] Marshall B. Rosenberg: Gewaltfreie Kommunikation, S. 42

[55] Marshall B. Rosenberg & Gabriele Seils: Konflikte lösen durch Gewaltfreie Kommunikation, S. 11

„Kooperation und Mitmenschlichkeit leben davon, dass wir uns gegenseitig auf dem Laufenden halten, was in uns vorgeht. Selbstausdruck und Anteilnahme gehören zu den vitalen Lebensbedürfnissen des Menschen. [...] Kommunikation dient aber nicht nur dem Ausdruck dessen, was ist, sondern auch der Hervorbringung dessen, was sein soll.“ [56]

Tatsächlich entstand das humanevolutionäre >Programm< seiner Software >Kultur< auf der Basis von Selbststeuerung und wirklicher Kommunikation, was als gegenseitiger Zusammenhang zu sehen ist und auch so entstand (selbst Machtstreben ist vom Sozialen her motiviert, wenn auch in verdrehter Form).

Der Ursprung dieser Entwicklung liegt in den mythologischen Geschichten für die Kinder. Natürlich war, was die Kinder zu hören wünschten, dass sie als das, was sie waren (auch mit ihren erkennbaren Grenzen), geliebt und angenommen waren, und dass dies auch insgesamt als soziales Muster galt. Diese mythologischen Geschichten waren der Ursprung der Entstehung des humanevolutionären >Programms<. Im Weiteren wurde diese mythologische Basis-Geschichte in Hinsicht auf die verschiedenen sozialen Themen reflektiert. In gewisser Weise verhielt es sich wie die Entwicklung eines Rechtssystems (mit den verschiedenen Fall-*Geschichten*), nur in positiver Hinsicht in einem zunehmenden Verstehen eines möglichst optimalen Soziallebens und der Befähigung zu einem guten und zugewandten Sozialverhalten.

Wenn man die Zusammenhänge in den Blick bekommt, wird verständlich, dass die Entwicklung dieses kulturellen >Programms< die Grundlage der humanevolutionären Sprache wurde, die auf die kindliche Sprach- und Bewusstseins-Entwicklung angelegt war. Aus dem Aufbau der Anlage der neuropsy-

[56] Friedemann Schulz von Thun: Miteinander reden, Band 1, S. 243

chogrammatischen Geschichten ergaben sich die für Kultur notwendigen kulturellen Steuerungsbegriffe, als Utopie, als Bauplan, als Moral, als Recht und als der zum Zweck von Kommunikation und Kultur zugeschnittenen Sprache.

Auch insofern baut die humanevolutionär entwickelte Sprache des Homo sapiens auf dem Bild und dem Begriff des >Menschen< auf (ganz zuerst im Umgang mit dem Säugling in den Wörtern und in dem *Bild* des Mutter-Kind-*Verhältnisses*). Dieses Motiv wird dann in den verschiedensten >Role-Models< in Geschichten (etwa auch als Stern-Bilder wie Venus und Orion und auch in Tier-Fabeln) für alle Zwecke der Vermittlung von Leben und Kultur ausgestaltet (s.u.).

Diese Anlage ist absolut folgerichtig. Denn es geht bei Sprache und Kultur in erster Linie um ein Verstehen des Sozialverhaltens, der Personen der Anderen und sich selbst = seinem Selbst: um Kommunikation und Selbststeuerung zwecks fähiger Sozial- und Beziehungs-Verhältnisse.

Die humanevolutionär entwickelte Sprache des Homo sapiens enthielt und war das >Programm< der humanevolutionär entwickelten Kultur. Sie stellte hierbei auch das entscheidende Betriebssystem und ein Set an Anwendungs-Software, das je nach Bedarf nutzbar und ggf. erweiterbar war. Damit war sie war bei allen Veränderungen in der Natur wie aufgrund von Wanderungsbewegungen in die verschiedensten Gebiete über die Jahrzehntausende der tragende Bestandteil der menschlichen Existenz bis zum Ende der Eiszeit. Allerdings brauchte es aus genau diesem Grund auch für die neuen historischen Entwicklungen ab dem Ende der Eiszeit eine entscheidend neuartige Sprach-Anlage (→ Kapitel 4).

Aus der aus der humanevolutionären Kultur stammenden Verfassung der Ngarinyin-Aborigines (*Wunan* genannt):

„Alle teilen alles miteinander, Kinder ... Frauen ... Männer
Keiner ist ausgeschlossen ... alle gehören dazu,
Vögel ... alle Tiere ... Hunde
niemand bleibt draußen, alle gehören immer zum *Wunan* dazu
jeder ... auch die Tiere, die gehören alle zum *Wunan*
jedes lebendige Geschöpf gehört zum *Wunan* [...]
alle gehören zum *Wunan*, egal welche Sprache,
keiner bleibt draußen beim *Wunan*
es ist allen gemeinsam ... das ist das *Wunan*
Nach dem *Wunan* wird alles geteilt,
alles hat seine Ordnung ... keiner bleibt draußen
alle ... das *Wunan* ist eine einzige große Familie
Oh ja! Ein *Wunan* für alle“ [57]

Dieser >Tisch< dieser kleinen Megalith-Anlage repräsentiert das Wunan. S. dazu ebd. S. 143 ff.

[57] Nyawarra, in: Jeff Doring: Gwion Gwion, S. 182 f.

3.6.3 Die Entwicklung zum >User<

Use it or lose it

Mit dem bloßen Computer, der Software und ihrer Installation ist noch gar nichts Eigentliches getan. All dies ist lediglich die *Voraussetzung* für das, was man im Eigentlichen will.

Dieses Eigentliche ist auch mit dem Verfügen über einen Computer, über Software und mit ihrer Installation noch immer nicht erreicht. Man muss sich mit den Programmen, ihren Möglichkeiten, ihren Einstellungen und ihrer Bedienung vertraut machen. Dies bestimmt sich in dem Verhältnis zwischen den >Vorgaben< der Programme und den eigenen Bedürfnissen. Nicht alle Vorgaben sind der Art, dass man das, was man erzielen möchte, auch auf Anhieb erzielt. Bei einfachen Spielchen ist das kein Problem. Bei anspruchsvolleren Zielsetzungen ist dies ganz entsprechend mit mehr Aufwand verbunden. Dies gilt erst recht für ein spannendes Sozialleben, qualifizierte Beziehungen und eine wirklich selbst bestimmte Selbststeuerung.

In Hinsicht auf die Selbststeuerung bestehen hier etwa zwei grundlegende Dimensionen, in gewisser Weise wie beim Fahrschul-Unterricht in Bezug auf die ganzen Verkehrsregeln sowie in Hinsicht auf das praktische Steuern des Autos in Hinsicht auf dessen Einsatz. Beim Menschen verknüpft sich die eine Ebene mit >Bewusstsein<, die letztlich die Voraussetzung für die andere Ebene ist, wo es um die effektive Beherrschung der Verhaltenssteuerung geht (auch wenn dies in der >Installation< in einem ständigen Wechselverhältnis steht). Beides versteht sich mitnichten von selbst und entsteht auch nicht von selbst. Gerade darin liegt der kategorialen Unterschied zu der letztlich automatischen, d.h. genetisch vererbten Verhaltenssteuerung der Tier-Stufe.

Die Ablösung von der genetischen Verhaltenssteuerung war ein Prozess von größter Konsequenz. Sehr wohl stellte sie das völlig neue kulturelle Potential zu einem fähigen Beziehungs- und Sozialleben, zu Freiheit und bedeutender technisch-kultureller Weiterentwicklungen, wie es sich in der Geschichte belegt. Man könnte diesen Prozess auch mit dem Schritt vom Gehen zum Gebrauch eines Autos oder gar von Flugzeugen vergleichen. Dieser Schritt eröffnet ein völlig neues Potential, aber er wird nur dann nicht tragisch, wenn man die damit verbundenen Steuerungsprozesse erlernt.

Wenn man ohne Fahrschul-Unterricht Autos fährt und hierbei ständig Unfälle baut, dann bedeutet dies nicht unbedingt die Schlussfolgerung, dass der Mensch nun mal nicht zum Autofahren >geboren< sei (und erst recht nicht, dass er >schlecht< sei), vor allem dann nicht, wenn man das Autofahren nicht aufgibt.

Das Schulen, Erlernen und Einüben wirklicher Selbststeuerung in Persönlichkeit, Beziehungs- und Sozialleben ist angesichts der humanevolutionären Anlage des Menschen ohne Alternative.

Gesellschaftlich auf eine entsprechende Fahrschule zu verzichten, ist weit >fahrlässiger< als Alkohol am Steuer, wie sich in der Geschichte der vermeintlichen „Hochkulturen“ regelmäßig zeigt.

Diese >Fahrschule< war die *ursprüngliche* Form der >Jugend-Initiation< von Jungen und Mädchen, wie es sich in etlichen Relikten in den Alten Kulturen belegt. In ihr ging es im Grundlegenden um

- den Erwerb einer wirklichen **Sprach-Beherrschung** incl. der für die Steuerung der Sozialverhältnisse notwendigen Begriffe (wie heute u.a. ein Jura- und Psychologie-Studium) und der Befähigung zu Kommunikation;

- den Erwerb von **Identität** in Selbständigkeit, Personalität, Verantwortungs-, Konflikt- und Liebesfähigkeit; und
- eine Befähigung im Umgang mit Eros, Sexualität und dem **Geschlechter-Verhältnis**.

Entsprechend der neurologischen Entwicklung war in der humanevolutionär entwickelten Kultur die eigentliche Sprach-Schulung in der >Jugend-Initiation< untergebracht. In der Kindheit wurde wohl schon das ganze Material an Wörtern und Geschichten gelernt. Doch der letzte und eigentliche Sinn der Wörter der zentralen Kultur-Begriffe und das Eigentliche an Kommunikation konnten erst auf der Stufe nach der Geschlechtsreife verstanden werden.

Dieser Erwerb einer wirklichen Sprach-Beherrschung war mit zwei Dimensionen verbunden:

1) Es galt verstehen zu lernen, welche Wörter und Begriffe es zur vollen Steuerung von Kultur in Persönlichkeit, Beziehungs- und Sozialleben brauchte und welche Funktionen die einzelnen Wörter und Begriffe bzgl. dieser Steuerung erfüllten.

2) Es galt verstehen zu lernen, dass die Wörter und Geschichten *Wörter* und *Geschichten* sind, nämlich zum Zweck von Selbststeuerung, Kommunikation und Kultur. Sprache hat in der neurologischen Anlage bei uns Homo sapiens niemals einen direkten Zugang zur >Realität<. Sie ist eine neurologische Funktionslogik für unsere Selbststeuerung als Gemeinschaft und als Individuum. Die Geschichte vom Osterhasen meint keine Vermittlung einer physischen Realität, sondern eines Neuropsychogramms in der Kindheit zwecks Erwerbs von Selbststeuerung und zwecks Kommunikation und Kultur. Und erst und in wieweit diese Funktionslogik ihre Funktion erfüllt, sind wir mit der Realität verbunden. (Natürlich gibt es auch vorher schon *Teilmomente,* die durchaus wichtig sind, aber gerne überschätzt werden).

Überblick: Die Etappen der humanevolutionären Entwicklung

Stufe A **Übergangsfeld** Hominiden – *Homo archaicus*
Stufe I *Homo archaicus* (I A) – B: **Übergangsfeld** zum *Archaischen Homo sapiens*
Stufe II *Archaischer Homo sapiens*

↓

Stufe Inhalte der humanevolutionären Entwicklungen

A		- Neurologisch unreiferer Nachwuchs bei Geburt evolutionär gesteigerte und qualifiziertere Spiel-Aktivität
I	A B	- Die *volle* integrale Einbindung des Sprachlichen in das neurologische System - Die Entwicklung von Geschichten und Rollen-Spiel-Lernen - Die Entwicklung der Mythologie - ausgeprägte Rollen-Spiel-Kultur in der Kindheit; kulturelle Begriffe
II	A B	- Die Entwicklung der Jugend-Initiation - Die Entwicklung der Pubertät = **Die Entwicklung von Identität, Personalität und Kultur =** Die Fähigkeit zur Selbststeuerung bei ***einigen*** Persönlichkeiten →

→ Die **allgemeine** genetische Anlage zur Ausbildung der Fähigkeit zur Selbststeuerung

= unsere Art **Homo sapiens**

3.7 Die eiszeitliche Sprache des Homo sapiens

Alle Komponenten, die soeben im Vergleich mit der Software-Struktur des Computers in Hinsicht auf den humanevolutionären Prozess gezeigt wurden, belegen sich auch an der Technik der humanevolutionär entwickelten eiszeitlichen Sprache des Homo sapiens (HS). Tatsächlich entstanden die näheren Einsichten in die Humanevolution, in die Kulturologie und in die humanevolutionär entwickelte Sprache HS auch in einem Wechselverhältnis. Dies soll im Folgenden kurz angedeutet werden (Näheres dazu in meinem Werk *Cûl Tura*).

Die humanevolutionär entwickelte Sprache des Homo sapiens (= HS) ist an sich *kinderleicht* – kein Wunder, denn sie war auch auf die kindliche Sprach-, Verstehens- und Bewusstseins-Entwicklung abgestimmt. Diese Ausrichtung, aus der auch die Evolution von Kultur hervorging, ermöglichte ein Sprachsystem, das nicht nur so genial einfach, patent und universal brauchbar war wie unser Dezimal-System aus lediglich 10 Ziffern, sondern das auch die evolutionären Probleme der hominiden Sprachform löste.

Es waren auch diese höchst einfachen und überschaubaren Grundprinzipien, die, nachdem sie erstmal deutlich geworden waren, dann auch die >Entzifferung und Rekonstruktion< der ursprünglichen Sprache HS – als der Grundlage unserer Sprache/n – ermöglichte.

Lautlich baut die ursprüngliche Sprache HS – vereinfacht formuliert (s.u.) – auf lediglich etwa **6 Grundelementen** auf: ***a*, *ba*, *da*, *ga*, *la*** und ***ma/na*** (s.u.).

Alle diese Formen finden sich *redupliziert* und *gespiegelt* in der Erstbedeutung >Mutter< und >Kind< wie dann auch für >Vater<, weitere Nähepersonen („Onkel", „Tante", *Oma, Amme = Nonne, Nanny* usw. Alle diese Formen finden sich weiter auch als grammatische Elemente, und zwar ganz nach dem Musterbeispiel *anna* >Mutter< in den beiden Bestandteilen der gespiegelten Form als *an – nah,* so auch *am – ma* (dt. *mein*), *ab – of* - - *von – bei,* engl. *at* - - lat. *de* dt. *zu* (>hin, bei<); *la* und *ga* in dt. ^{Kind}*lein* und ^{Kind}*chen* als ursprüngliche Koseform, *Ge-* wie lat. *co-* wie in *Gebirge* >zusammen, mit [bei]< usw.

Diese 6 Grundelemente werden zuerst im Sprachspiel ganz in der Form von *ei-tei-tei* und *du-du-du* gebraucht und dann im Sprachspiel in der Art von *ama – MaMa* als erste Wörter gebraucht.

Im Weiteren werden diese Grundelemente der Sprachspiele in Form von Geschichten zu dem ganzen weiteren Wortmaterial der ursprünglichen Sprache HS entwickelt. Dies beginnt zunächst mit kleinen Sprach- und Bewegungsspielen und Liedern (*la-la-la*) und manchen kleinen Geschichten, die aufgrund des kleinkindlichen Interesses inhaltlich viel mit Tieren und einer theaterartigen Nachahmung von Tieren in Lauten, Bewegungen und Verhalten zu tun haben. Dies kann bald auch auf sehr fantastische Geschichten mit dem >Osterhasen< und den >Drachen< hinauslaufen, mit denen sich meist jedoch ein tieferer Sinn für ein *späteres* Verstehen verknüpft. Nach der Kleinkind-Stufe werden die Geschichten, die zuerst vor allem Neuro-Psychogramme sind, zunehmend realitätsbezogener.

Auf diese Weise lernt das Kind *über die Geschichten* die ganzen gängig gebrauchten Wortbildungen der ursprünglichen Sprache HS. Diese Wortbildungen leiten sich aus den Geschichten und ihren Hauptmotiven ab. Es sind hier letztlich die Bilder und Geschichten, in denen man denken und kommunizieren lernt und die auch das Eigentliche der ursprünglichen Sprache HS sind.

Im Rahmen der Jugend-Initiation wird dann geschult und studiert, was der exakte *soziale* Sinn der kulturellen Begriffe wie z.B. >Gerechtigkeit< oder auch >Liebe< ist (bzw. von woher diese Begriffsbildungen bestimmt sind) und was es sprachlich an Bildern und Geschichten braucht, um vollgültig zu der gemeinschaftlichen und zu einer wirklich persönlichen Kommunikation fähig zu werden. So einfach ist das – und doch so anspruchsvoll!

3.7.1 Die „Buchstaben-Sprache"

Von ihrem höchst speziellen Charakter her lässt sich die völlig andersartige Technik der ursprünglichen Sprache HS gegenüber der historisch entwickelten Sprachtechnik in gewisser Weise mit der **Buchstaben**-Schrift vergleichen.

Dabei sind die wenigen Grundelemente wie unsere ca. zwei Dutzend Buchstaben auch nicht der erste kümmerliche Anfang von Schrift, die erst mit Tausenden von Hieroglyphen Hochkultur erreicht hätte.

Es verhält sich effektiv umgekehrt. Die Entwicklung der *genial einfachen* Buchstaben-Schrift war die Weiterentwicklung der Hieroglyphen-Schrift, die erst auf der Basis einer schon längeren Erfahrung mit Schrift möglich wurde. Genauso stellt sich die Technik der humanevolutionären Sprache HS dar. Ihre Technik erklärt sich allein aus einer schon hochgradigen Erfahrung mit Sprache, Didaktik, Psychologie, Kommunikation und Kultur.

Ihre Sprache besteht aus einer enorm verschachtelten Technik aus Spiel, Erzählen, Moral-Erziehung, Verfassung und Rechts-Satzung (*lex - logos*) mit all dem, was es für eine tatsächliche Kultur braucht. >Gerechtigkeit< etwa nur als Vokabel zu kennen, bedeutet letztlich überhaupt nichts. Kultur ist nur möglich, wenn die für Kultur nötigen kulturellen Steuerungs-Begriffe wie z.B. *Gerechtigkeit* kulturell so exakt geklärt und vermittelt sind, dass man bei einem *Gespräch* über empfundene Ungerechtigkeiten einvernehmliche Lösungen erreichen kann. In der humanevolutionären Entwicklung gelang es (was inhaltlich eigentlich als so kompliziert auch nicht erscheint), die entscheidenden menschlichen Sachverhalte so weit zu Kultur und Sprache zu verarbeiten, dass man seine Sozialverhältnisse auf der Basis von gemeinschaftlicher Kommunikation zu steuern vermochte.

In dieser Entwicklung liegt der eigentliche Inhalt der humanevolutionären Entwicklung, und genau dies ist auch der *biologische* Inhalt von >Kultur<. Das ist es an Software, auf deren Installation wir Homo sapiens als das >kulturale Wesen< genetisch in unserer Hardware angelegt sind. Auf dieser Basis lassen sich nicht nur soziale, ökonomische und ökologische Probleme, Faschismus und Kriege vermeiden, sondern mehr noch auch höchst kreative und lebensfreudige Beziehungs- und Sozialverhältnisse erreichen.

Die lautlichen Grundelemente der ursprünglichen Sprache HS in der Art von Buchstaben oder auch Ziffern entsprechen schlichtweg den grundlegenden Lalllaut-Bereichen der Säuglinge. Auch diese Lalllaut-Formen werden in Entsprechung der kindlichen Entwicklung sowohl in ihrer Verbindung mit den Vokalen (*lala > LiLi, ba-ba > bibi, bubu, biba* usw.) als auch als Konsonant (*BaBa > Papa* usw.) lautlich wie auch *semantisch* ausdifferenziert. Diese >Ausdifferenzierung< ist also gleichzeitig die Form, aus den Grundelementen verschiedene „Wörter“ zu bilden. Weitere Ausdifferenzierungen ergeben sich durch Betonungen, Dehnungen, in Einzelfällen wohl auch tonal wie auch durch Zusammensetzungen (*MaMa, MaNa, MaGa = MaTa* >Mutter< usw.). Da diese lautlichen Grundelemente – die sich im Übrigen (zumeist jedoch in Vermittlung des mesolithischen Mebuntu und der >Sprache der Neolithischen Revolution<) auch im Überwiegenden als Ursprung unseres Vokabulars erwiesen [58] - können natürlich nicht mit unseren Buchstaben-Lauten identifiziert wer-

[58] s. dazu näher mein Werk *Cûl Tura*

den. Aus diesem Grund habe ich für die etymologische Beschreibung der Ausgangsformen der Wortbildungen folgende Verschriftung gebraucht:

Die 6 Lautwortwurzeln der ursprünglichen Sprache HS

Ausgangsformen		formelle Lautwortwurzel	:
gespiegelt	redupliziert	aufgestellte Schreibform	Beispiele der Grundformen
ama/ana	MaMa/NaNa	*ʘ	an – nah, um – *my*
aja	JaJa	*א	Ei, *aye* - ja
ala	LaLa	*Λ	alle - lallen
ada	DaDa	*Ћ	*at* - zu, da, du
aga	GaGa	*Γ	auch – Kuh, Kugel
aba	BaBa	*Φ	ab, *of* – von, bei

kursive Formen englisch

Bei diesen kleinkindlichen Lalllauten als Ausgangsformen der ursprünglichen Sprache handelt es sich um die grundlegenden Lautbereiche: die **Zungen-**, **Zahn-**, **Kehl-** und **Lippen**-Laute sowie um die Laute mit **offenem** und **geschlossenem Mund**.

3.7.2 Der Code der eiszeitlichen Sprache

Insgesamt ergab sich bei meinen Forschungen bzgl. der eiszeitlichen Sprache HS, dass sie auf einem *Code* basierte, d.h. auf der Struktur einer ganz bestimmten Verknüpfung von Lauten und der ursprünglichen Mythologie, die ihrerseits wieder in einer sehr bestimmten Verknüpfung von Bildern, Motiven und Geschichten bestand.

Es zeigt sich, dass die Struktur der ursprünglichen Sprache HS darin ihren Grund hat, dass sie auf der Entsprechung zur kindlichen Sprach- und Bewusstseins-Entwicklung aufbaut, aber im Ergebnis natürlich auch der Erwachsenen-Ebene zu dienen hat. Wenn hier auch einige Wörter und Motive der Kleinkind- und der Erwachsenen-Stufe die gleichen sind, so versteht sich doch, dass sie auf der Kinder-Ebene einen anderen Hintergrund haben als auf der Erwachsenen-Ebene. Dies gilt etwa für die Motive >Mond-Mutter< und >Drache< und die Wörter >Mensch< und >Geist<. Auf der Kinder-Ebene steht >Mensch< für >Artgenosse<, auf der obersten Ebene ist er mit >Persönlichkeit, Mensch-Sein, Erwachsenheit< usw. assoziiert und definiert. Es gibt etliche Sachverhalte, die erst auf einer wirklich erwachsenen Ebene hinreichend erfasst und zutreffend verstanden werden können. Dies erklärt sich jenseits des neurologischen Umbaus in der Pubertät in den wechselseitigen Zusammenhängen zwischen Verstehen, Lebensführung, Wahrnehmungen, Erfahrungen und entsprechender neurologischer Verschaltungen im Gehirn.

Dies ist hier insofern von Bedeutung, als dass gesagt werden kann, dass die ursprüngliche Sprache HS insgesamt auf dem Bild des Menschen aufbaut. Doch auch wenn hier auch die Optik des Menschen aufgenommen wird, so geht auf der oberen Ebene nicht um die optische Dimension – die im Biologischen stecken bliebe -, sondern um die kulturelle Dimension des Menschen. Dies ist absolut konsequent und adäquat, weil es bei *Sprache* bei

Homo sapiens um ein Erschließen und Verstehen von Selbststeuerung, Kommunikation und Sprache geht. Insofern sind auch die alten Sprachen immer noch (eher) subjektivisch-psychologisch-kulturell und nicht objektivisch-physikalistisch angelegt. Analog dazu bedeutet griech. *kosmos,* was in der Bibel meist mit >Welt< („neue Welt“) übersetzt wird, primär >Schmuck<, von daher auch *Kosmetik.*

Es versteht sich dabei von vorneherein, dass dieses Motiv >Mensch< männlich, weiblich wie auch das Geschlechtliche umfasst, aber darauf nicht hinausläuft (sondern auf >Bewusstsein, Kultur<). Wenn entsprechend das Motiv des >Menschen< zuerst für den kleinkindlichen Horizont mit >Mutter< aufgenommen wird und *insofern* das umfassende *geistig-sprachliche Ganzheits*-Motiv als >Mond= Ur-Mutter< = >Mutter Erde< bezeichnet und dargestellt wird (wie auch die eiszeitlichen „Venus“-Figuren zu verstehen sind), meint dies nicht >Weiblichkeit< oder einen Mutter- oder Fruchtbarkeits-Kult (wie im Neolithikum), sondern >Welt/*kosmos*, Leben, Mensch, Kultur, Geist, Bewusstsein, Liebe<.

Dieses Motiv erscheint in weltweiten Mythologien:

China: „Als er starb, wurde P’an Kus Kopf >eine geheiligte Bergspitze, seine Augen wurden die Sonne und der Mond, sein Fett die Flüsse und die Meere, seine Haupt- und Körperhaare Bäume und andere Gewächse<.“ [59]

Germanische Mythologie: „Daraufhin nahmen die Brüder [*das Urwesen*] Ymir in die Mitte des großen Abgrunds mit und erschufen [...] die Welt aus seinem Körper: aus seiner Haut formten sie die Erde, aus seinen Knochen die Felsen, aus seinem Blut das Meer, aus seinen Haaren die Wolken und aus seinem Schädel den Himmel.“ [60]

---

[59] Mircea Eliade: Geschichte der religiösen Ideen II, S. 19 f.

[60] Mircea Eliade: Geschichte der religiösen Ideen II, S. 139

In bestimmter Hinsicht könnte das ursprachlich HS zugrunde liegende Modell in folgender Form gezeichnet werden:

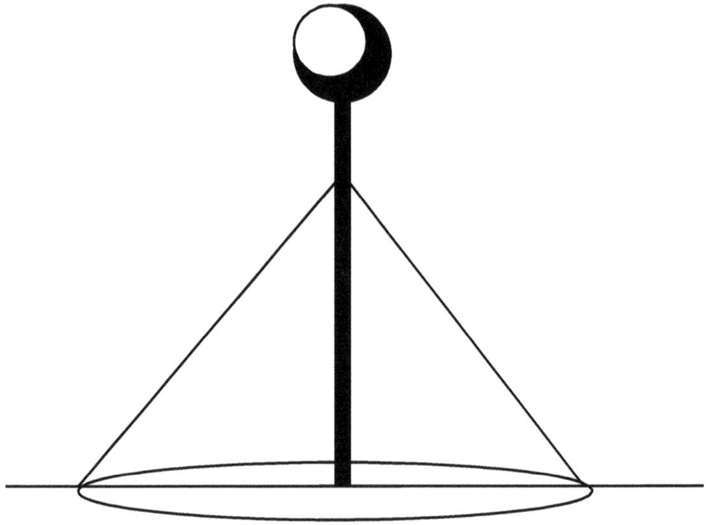

Dies soll u.a. zeigen:

- der >**Welt-Berg**< entspricht in der eiszeitlichen Symbolik der >**Welt**< dem >**Leib**< dem **Zelt**/der **Hütte,**
  was später in den Ritualbauten wie insbesondere die **Pyramiden** und **Tempeltürme** usw. *von dieser Symbolik her* nachgebaut wird;

- die >Wirbel-**Säule**< ist der >**Welten-Baum**< als die >**Welt-Achse**<, um die sich die >Welt< *dreht* (lat. *vertex* >Wirbel, Drehpunkt, Pol; Gipfel<).
  Diese >Säule< trägt jeder (möglichst aufrecht*) in sich.*
- das >**Haupt**< verknüpft sich ursprünglich HS mit dem >Mond-Gesicht< bzw. der >Mond<-(Sichel-) **Hörner**-Symbolik.

Die eiszeitlichen „**Venus**"-Figuren dürften dem entsprechen (s. die „Venus von Laussel" → S. 73). Vgl. dazu auch die zentrale Figur des Trommelbildes aus Sibirien → S. 138. Eine Bestätigung dafür ergibt sich u.a. auch aus der Felsmalerei der Ngarinyin-Aborigines → S. 102 und ihrer Erläuterung. Die schon eiszeitlichen *PiPa* - Flöten sind bei Alten Kulturen ebenfalls eine solche transportable Ausgabe (als Weltenbaum-Symbolik, die später auch als Stamm-Symbolik erscheint).

Die erwähnten Mythologien zeigen Beispiele, wie dieses Körper-Bild in weiteren Aspekten zu weiteren Wortbildungen entwickelt wird.

In anderer Richtung wird dieses Körper-Bild auch auf den Mond (Gesicht; -Mann), die Sonne, Mars und Venus, auf die Stern-Bilder wie etwa die Plejaden und Orion oder auch in der theriomorphen Form der Tier-Fabeln auf den Großen Bären, Löwe, Skorpion usw. bezogen.

Auf diese einfache und doch geniale und universale Weise hatte man nicht nur genug Material für Geschichten für die Kinder, sondern auch eine systematische Konzeption für seinen Sprach-Code, der ebenso strukturell wie sinnlich gesichert und übersichtlich war und dennoch ganz nach Bedarf ausdifferenziert und ausgemalt werden konnte.

Im Weiteren besteht – logischerweise - ein Zusammenhang zwischen den Geschichten und den Wortbildungen. Die Geschichten entstehen in Teilen aus Sprachspielen, etwa „Kräh, Kräh krächzt die Krähe mit grellem (schrillen) Krach" – hier wären aus einem Lautwort in einer für das Kind ersichtlichen (verdeutlichten) Nachahmung eines Vogels bereits 4 (5) verfasste Wörter gebildet worden.

Wie einerseits aus diesen Sprachspielen wie *du-du-du* (> *du*), *ma-ma-ma* oder *kräh-kräh* (> *to cry, schreien* usw.) Wörter und

Geschichten gebildet werden, entstehen umgekehrt aus den Geschichten auch die Wortbildungen (s. *Krähe*), insbesondere auch die kulturellen Begriffe wie z.B. >Gerechtigkeit<, die auch allein via Geschichten (z.B. Tier-Fabeln) handfest fassbar werden. Das Kind lernt die >Wörter< auch wesentlich über die Geschichten: verstehen und behalten.

Der Aufbau des Wortmaterials wie der Geschichten entspricht hierbei der kindlichen Entwicklung. Die >Wörter< werden durch eine lautliche Modulation inhaltlich differenziert. Hierbei lässt sich der Aufbau der Semantik einer >Lautwortwurzel< mit dem Zahlensystem eines Inhaltsverzeichnisses vergleichen, ganz in der Art von 1, 1.1, 1.2, 1.2.1, 1.2.2, 1.2.2.1 usw. Dies ist möglich, weil die ursprüngliche Sprache HS die kindliche Sprach- und Bewusstseins-Entwicklung als ihr Organisations- und Gliederungsprinzip nutzt – auf eine höchst natürliche und für die Kinder auch ideale Weise.

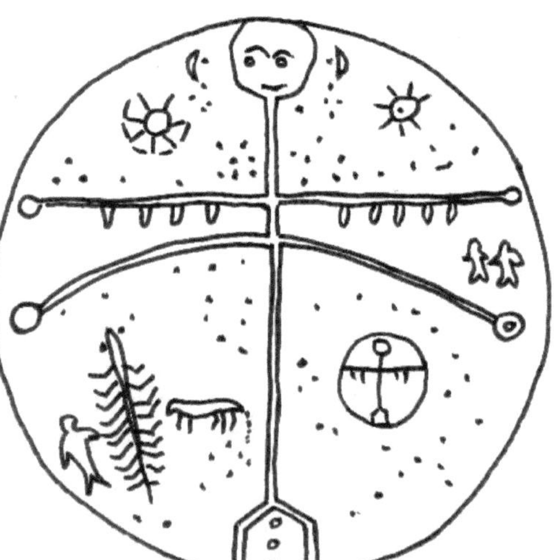

Nachzeichnung: „Trommel der Abakantataren“, nach: Hans Findeisen & Heino Gehrts: Die Schamanen, S. 123

Im Prinzip findet sich unter jeder der 6 Lautwortwurzeln folgender Aufbau:

1 >Mensch< (*strukturell*)
1.1 Die kleinkindlichen Lallformen (*ama – MaMa, aba - BaBa*)
1.2 >Mutter< (*strukturell*)
1.2.1 >Mutter, Vater; Kind, Amme, Näheperson, Mensch<
1.2.1.1 Grammatische Formen (bei, *co,* zu, du, ich, wir usw.)
1.2.2 >Brust, säugen; trinken/Wasser, essen, Nahrung<
1.2.3 >Bau/Bauch (-Höhle); Schutz, Haut/Felle, Hütte<
1.3 *The* mythologische UrVaterMutter Mond (z.B. *UrA*^{h}*n*^{os})
1.3.1 Die Schöpfungs-Mythologie (*Meer, Moor - Au - Ur - Erde*)
1.3.1.1 >Welt, Leben/Liebe< (*monde – ama/Minne*)
1.3.1.2 Ur/STier/Kuh, Schlange, Vogel – Tiere, Symbole, Fabeln
1.3.2 Der Mond-Monats-*Zyklus*: Werden - Vergehen (*mors*)
1.4 Formen der Master Grade-Stufe (*zur Jugend-Initiation*)
1.4.1 Die Weltberg-Drachen-Symbolik: *mons/ter, MinoTaurus*
1.4.2 *Mores, Mater – Meter* – Maß(stab), *Modus*; *lex - logos*
1.4.3 Mensch/Sein, Geist/Bewusstsein, Minne - Mut - *mind*

Weitere Einzelheiten werden *innerhalb dieses Schemas* unter weiteren Unterpunkten entwickelt. Erstaunlicherweise ließ sich das deutsche Wortmaterial diesem Konzept in einem hohen Maße zuordnen, wenn auch die Schwerpunkte anders liegen.

In dieser Form lässt sich auch die Anlage der ursprünglichen Sprache HS als Betriebssystem begreifen, das von Anfang an mit den Sprachspielen mit den kleinkindlichen Lalllauten wie *ei-tei-tei, du-du-du, la-la-la* und *ma-ma-ma* usw. in der Neurologie des Säuglings installiert wird.

Die mit dieser Sprach-Anlage verbundenen Geschichten ermöglichen von Anfang an dem Kind eine Aufnahme und Verknüpfung mit seiner speziellen Persönlichkeit auf der vollen Ebene von Persönlichkeit in Verstehen, Bewusstsein und Verhalten, was Wörter für sich allein so nicht zu leisten vermögen. Auf diese Weise entsteht eine tatsächliche Installation und nicht bloß ein >Kopieren<, und auf diese Weise entsteht im Verlauf der Kindheit eine komplexe Betriebssystem-Ebene, die über >Dienstleistung und Produktion< entscheidend hinaus auch Selbststeuerung, Kommunikation und Kultur als fähige Sozial- und Beziehungs-Verhältnisse ermöglicht.

Dadurch dass hierbei Sprache als Betriebssystem effektiv auf Selbststeuerung und Kultur angelegt wurde, entstand auch der Vorteil, nicht mehr zu sehr in Sprache und Denken auf seine Umwelt bezogen zu sein. Darin könnten sich die Hominiden und evtl. auch die Neandertaler verstrickt haben.

Demgegenüber hatte Homo sapiens mit diesem Betriebssystem eine kulturelle und soziale Basis, die auch bei allen gängigen Veränderungen in der Natur und bei den Migrationen die entscheidende Stabilität stellte. Bei Veränderungen in der Umwelt hatte man lediglich allein mit diesen zu tun statt mit der weiteren Notwendigkeit eines umfassenderen Umbaus seiner Kultur und Sprache, wo diese Differenzierung zwischen Betriebssystem und Anwendungs-Software nicht bestand.

Darin liegt der Grund für die Annahme, dass bei Homo sapiens bis zum Ende der Eiszeit eine auf dieser Ebene einheitliche Sprache bestand – wofür auch etliche Anhalte bestehen -, wie in dem umgekehrten Fall historisch und wohl analog auch evolutionär vor Homo sapiens der Grund für das Aufkommen der Mengen von Sprachen liegt. Selbst das starrste Tradieren einer Sprache auf der alleinigen Basis von Vokabular und Grammatik könnte angesichts der Veränderungen allein schon in der Umwelt gar nicht verhindern, dass sich die Sprache in ihrem Resultat verändert, ja gar die sicherste Methode zur Veränderung und zur Abtötung von Sprache und Kultur. Denn Sprache *funktioniert* nicht als Nachplappern. Auch ist Sprache jenseits der frühen Anfänge der Evolution von Sprache lautlich wie semantisch zu komplex, als dass es nicht auch in der Generationenfolge mit der Zeit zu lautlichen und semantischen Verschiebungen kommen muss.

Nur eine Sprach- und Kultur-Ebene, die von der realen Anwendungs-Ebene frei war, konnte zu einer Betriebssystem-Funktion entwickelt werden, und nur diese Ebene konnte in den Veränderungen in der Natur und seiner Aufenthalte in ihren Grundlagen unverändert bleiben. Dafür bot sich die spielerische Dimension der Kleinkind-Stufe an. Gleichzeitig bestand hier auch die neurologische Phase, wo eine solche Betriebssystem-Ebene ihren Ort hatte. Die „Steinzeit-Menschen“ haben dies mit ihrem Verstehen von Sprache, Kultur, Sozialverhalten und Didaktik entsprechend für die Entwicklung eines solchen >Betriebssystem< und eine entsprechende Sprach-Technik genutzt.

Paläolithische „Venus“-Figuren aus Sibirien:

links eine von über 30 Figuren aus einer Siedlung bei Mal’ta, aus Elfenbein geschnitzt; rechts Fund am Baikalsee [61] (Nachzeichnungen)

Diese Formen erscheinen später in groß als Stamm-Plastiken

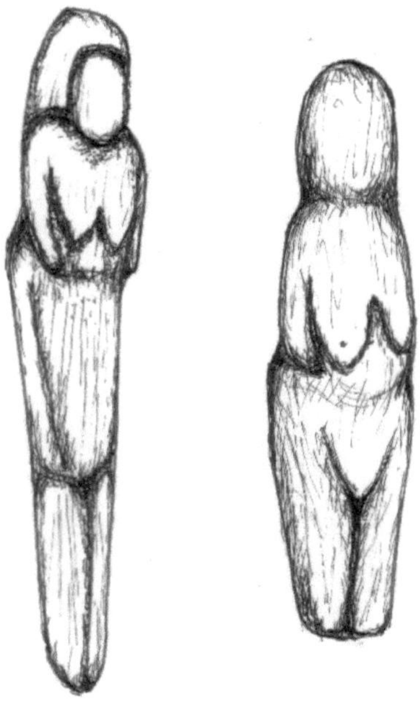

[61] in: Göran Burenhult: Illustrierte Geschichte der Menschheit I, S. 132 f.

Teil 2

Geschichte und Kultur

Die historische Entwicklung erscheint als das Eigentliche der Entwicklung von Kultur. So werden in der Wissenschaft in gewisser Weise oft >Geschichte< und >Hochkultur< gleichgesetzt.

Diese Thematik soll in ihren tatsächlichen Gegebenheiten kulturologisch etwas näher erschlossen werden.

Auszug einer *Szene aus dem Latmos-Gebirge bei Milet (Südwest-Türkei),* „einer der heiligen Berge Kleinasiens. Sein von allen Seiten aus sichtbarer Gipfel war Stätte eines uralten Stein- sowie Regen- und damit Fruchtbarkeitskultes.“ [62] *In den Höhlen und versteckten Ecken im Gipfel-Bereich finden sich zahlreiche Malereien, deren „Hauptgegenstand die Familie ist“* (ebd.). *Entsprechend wird die obige Szene als Hochzeit gedeutet.*

---

[62] Anneliese Peschlow-Bindokat, in: Badisches Landesmuseum Karlsruhe: Die ältesten Monumente der Menschheit, S. 162 ff. Dort auch Abbildungen, u.a. die Vorlage der obigen *Nachzeichnung*.

„Man kann daher die Psychogenese des Erwachsenenhabitus in der zivilisierten Gesellschaft nicht verstehen, wenn man sie unabhängig von der Soziogenese unserer >Zivilisation< betrachtet. Nach einer Art von >soziogenetischem Grundgesetz< durchläuft das Individuum während seiner kleinen Geschichte noch einmal etwas von den Prozessen, die seine Gesellschaft während ihrer großen Geschichte durchlaufen hat. […]
Die soziogenetische und psychogenetische Untersuchung geht darauf aus, die Ordnung der geschichtlichen Veränderungen, ihre Mechanik und ihre konkreten Mechanismen aufzudecken […].“

Norbert **Elias**: Über den Prozess der Zivilisation,
S. LXXIV f.; LXXVII

Dieses Werk von Norbert Elias halte ich bzgl. der Auseinandersetzung mit >Kultur< noch immer für bedeutsam.

4 Kultur und Geschichte

Das Verhältnis von Kultur und Geschichte ist in Wirklichkeit nichts Gleichsinniges, wie man früher meinte, sondern eine **höchst spezielle** und komplizierte Thematik. Denn die Entstehung des historischen Prozesses und ihre weitere Entwicklung lassen sich von den neueren Einsichten weder als Beginn der Evolution von Kultur noch als Weiterentwicklung der eiszeitlichen Kultur des Homo sapiens verstehen. Der Beginn der Evolution von Kultur ist vielmehr der humanevolutionäre Prozess selbst, der im Vorfeld vor Homo sapiens seine evolutionär notwendige Grundlage erreichte. Unsere Art Homo sapiens ist mit ihrer kulturalen Anlage das evolutionäre Ergebnis dessen.

Der Beginn der historischen Entwicklung hat andere Ursachen als neue Entdeckungen und Erfindungen. Es lag – wieder einmal – in einen geologischen Umbruch (vom Pleistozän auf das Holozän), deren Folgen die Menschheit in fundamentale Notstandsprobleme stürzte. Von dort her wurden völlig neuartige Entwicklungen *notwendig*. Da diese jedoch von Anfang (im Frühen Mesolithikum) an gleichzeitig mit Vorteilen wie mit Ungelöstem und neuen Problemen verbunden waren, entstand hierbei eine Dynamik, die sich in ihrer Ambivalenz bis heute fortsetzte. Erst seit jüngerer Zeit entsteht hier ein Überblick über diese ambivalenten Prozess-Logiken, der nun auch eine wirkliche Lösung in Aussicht stellt.

Gerade auch in dieser Hinsicht spielt die Entwicklung eines kulturologischen Verstehens eine wichtige Rolle.

4.1 Zu den Hintergründen der Entstehung der historischen Entwicklung

Noch bis vor wenigen Jahren bestand die Vorstellung, dass das Ende der Eiszeit quasi in der Art des Endes eines Winters günstigere Klima-Verhältnisse bedeutet hätte, was endlich eine Entfaltung der menschlichen Intelligenz ermöglicht hätte. In den günstigen Verhältnissen wie vor allem in dem „Fruchtbaren Halbmond“ des Nahen Ostens hätte man nun die Prinzipien der Fruchtbarkeit entdeckt und sich diese dann mit der Nahrungsproduktion zunutze gemacht. Auf diesen neuen Grundlagen wäre man dann zu der urbanen und dann auch >hochkulturellen< Entwicklung gekommen.

Zu diesen Vorstellungen ist jedoch vielmehr festzustellen:

> „Lange wollte uns die Wissenschaft den Übergang zur Landwirtschaft als großen Sprung für die Menschheit verkaufen und erzählte uns eine Geschichte von Fortschritt und Intelligenz. Im Laufe der Evolution seien die Menschen immer intelligenter geworden. Irgendwann seien sie dann so intelligent gewesen, dass sie die Geheimnisse der Natur entschlüsseln konnten und lernten, Schafe zu halten und Weizen anzubauen. Danach gaben sie begeistert das entbehrungsreiche und gefährliche Leben der Jäger und Sammler auf und ließen sich nieder, um als Bauern ein angenehmes Dasein im Wohlstand zu genießen. Das ist jedoch ein Ammenmärchen.“

So der israelische Geschichtsprofessor Yuval Harari in seinem internationalen Bestseller „Eine kurze Geschichte der Menschheit“, S. 104.

In Wirklichkeit zeigt sich damals gerade der Nahe Osten u.a. von einer schweren Versorgungs-Krise betroffen, s. z.B.

> „In den Skeletten finden sich Indizien für Minderversorgung, womöglich durch Vitamin- und Eiweißmangel oder schlichten Hunger. Und die Menschen schrumpften. >Wir sehen eine drastische Reduktion der Körpergröße<, sagt der Paläoanthropologe Jean-Jacques Hubling vom Leipziger Max-Planck-Institut für evolutionäre Anthropologie. >In der Übergangsphase waren die Leute schlecht ernährt.<“ [63]

> „In den Anfangszeiten der Landwirtschaft im Nahen Osten sank die Durchschnittsgröße der Menschen um fünfzehn Zentimeter.“ [64] (satte 15 cm!)

Diese mitunter immer noch bis in die Wissenschaft hinein wirkende fundamentale Fehleinschätzung der ganzen Situation erklärt sich aus den Nachwirkungen der Anfänge der Geschichtswissenschaft und der Evolutionsvorstellungen des 19. Jahrhunderts. Infolge entsprechender Mythologien hielt man zunächst die Menschheit für lediglich einige Tausend Jahre alt, und als die Einsichten der Evolution hinzukamen, sah man in diesen Zeiträumen eine >Tierstufe< des Menschen und das antike Griechentum als den ersten Ausdruck einer nennenswerten Kultur-Entwicklung. Selbst die engagierte sozialistische Theorie (von Friedrich Engels) ging noch Ende des 19. Jh.s von diesem Stand aus. Auch die schon um 1860 bis in Einzelheiten ausgearbeitete Indogermanistik besteht immer auf diesen *damaligen* Grundlagen – als könnte man heute noch eine Sprach-Entwicklung vor 6000 Jahren mit den Anfängen der Sprachlichkeit des Menschen in Verbindung bringen. *

---

[63] U. Bahnsen: Der Treck nach Westen, in: Die *Zeit*, 20. Juli 2006, S. 25 f.

[64] Bill Bryson: Eine kurze Geschichte der alltäglichen Dinge, S. 57

* Sicher kann man in der Zeit vor 6000 Jahren eine neue Sprach-Entwicklung annehmen, wie auch das Deutsche noch erheblich später neu aufgekommen ist. Nur ergibt sich bei diesen Zeiten aus heutiger Sicht **zwingend**, dass dies auf vorausgehenden Formen aufbaut, wie etwa das Deutsche auf dem

Bei den heutigen Einsichten bestehen hier *gänzlich* andere Zeitansätze in der Geologie und der Humanevolution. Doch bedeuten sie nicht bloß, dass die Erdscheibe als etwa größer anzusetzen ist als zuvor gedacht, um die westlich der Azoren neu entdeckten amerikanischen Inseln wie Kuba, Haiti und Nord- und Südamerika eintragen zu können. Es geht vielmehr, auch bzgl. der Humanevolution, um entscheidend weitergehende Konsequenzen.

Dies beginnt etwa schon mit den Vorstellungen von der >Eiszeit<. Das Aufkommen der >Eiszeit< - die mit der Vergletscherung des Nordpols verbunden war – bedeutete in der *Evolution zum Menschen* keine neuartige Kälte, sondern ganz im Gegenteil ein neuartiges Problem von Hitze. Mit der Vergletscherung des Nordpols wurde eine Unmenge an Luftfeuchtigkeit in Eis gebunden, und in dieser Folge schrumpften die Regenwälder beträchtlich. Etliche bis dahin im afrikanischen Regenwald lebende Populationen von Hominoiden waren von diesem Verlust des Waldes und damit auch ihrem gesamten Lebens-Kontext betroffen. Die Entwicklung der Zweibeinigkeit (infolge einer neuen Mobilität) wie auch der Umwandlung vom Fell zur Haut (mit Schweißdrüsen zwecks *Kühlung*) steht damit in Verbindung.

Die >Eiszeit< hatte insofern nichts mit Kälte zu tun, als dass der Lebensraum der Hominiden, der Humanevolution wie auch lange des Homo sapiens in eher heißen südlichen Gefilden lag. Wohl kam es seit vor etwa 40.000 Jahren auch bei Homo sapiens zur Aufnahme von kälteren Gebieten, wie später gar zur Entwicklung der Eskimo-Kultur (Innuit). Doch lassen sich diese kalten Lebensräume nicht mehr wie einstmals als repräsentativ für den Menschen nehmen, als man von der Entwicklung der Forschung her eher nur die Situation in Europa im Blick hatte.

Germanischen. Nach meinen Forschungsergebnissen stellt sich so wie *gar nichts* von dem indogermanischen Vokabular als indogermanisch neuartig dar, wodurch viele Prämissen des indogermanischen Modells ihre Berechtigung verlieren.

Dass also das Ende der >Eiszeit< (des Pleistozäns) für die damaligen Kulturen als Ende eines Winters wie also als Vorteil zu denken wäre, geht von völlig falschen Prämissen aus. Nicht einmal in unsrem Raum, wo die Vorstellung von einem Ende des Winters einigermaßen zutreffend wäre, bedeutete dieser Klima-Umbruch für die damaligen Kulturen einen Vorteil. Diese Kulturen zogen eher mit ihrer Hauptbeute, dem Ren, in den Norden. In unserem Raum entstanden Sümpfe und Wälder, und dies wurde insgesamt erst mit den völlig neuartigen Techniken der Neolithischen Revolution im nennenswerteren Ausmaß nutzbar.

Es ist hier nicht der Ort, näher auf die teilweise mit gigantischen Naturkatastrophen verbundenen geologischen Umbrüche vom Pleistozän auf das Holozän einzugehen. Hier soll dieser Gesamtbestand lediglich mit zwei Zitaten charakterisiert werden:

> „Dieser grundlegende Klimawechsel, der für viele Pflanzenfresser das Aussterben bedeutete, betraf auch den Menschen.“ [65]
>
> „Die letzten 5.000 Jahre der Eiszeit waren eine Periode von Klimaveränderungen geradezu apokalyptischen Ausmaßes, die alles übertrafen, was uns heute bekannt ist.“ [66]

Vor allem der Nahe Osten war mit seinen besonders fragilen Verhältnissen in der Mitte dreier Kontinente davon betroffen. Mit seinen Wüstenverhältnissen im Inneren, die außen von Meeren und von Gebirgskomplexen weit höher und ausgedehnter als die Alpen (teilweise mit weiteren Wüsten dahinter) umgeben waren, schlugen die ständigen Klimaveränderungen über mehrere Tausend Jahre für die dortigen Kulturen besonders gravierend zu Buche.

---

[65] W. von Koenigswald & J. Hahn: Jagdtiere und Jäger der Eiszeit, S. 92 f.
[66] Brian Fagan: Die Eiszeit – Leben und Überleben im letzten großen Klimawandel, S. 131

Die aufkommenden neuartigen kulturgeschichtlichen Entwicklungen haben dies als Hintergrund. Sie belegen sich nicht als Fortschritt aufgrund optimierter Verhältnisse, sondern als Bemühungen um Lösungen der damals dort aufgekommenen Notstands-Verhältnisse.

Wenn nun gerade diese Bemühungen um die Lösungen der Notstands-Probleme die völlig neuartigen Technologien und Erkenntnisse erbrachten, die auch einen weitergehenden historischen Prozess an Fortschritten auslösten, so ist damit jedoch noch lange nicht das Ganze erfasst und gesagt.

Dazu muss zunächst der grundlegende Unterschied zwischen Technologie und Kultur in den Blick kommen. Der technologische Fortschritt (als Optimierung der Anwendungs-Software) bedeutet noch längst nicht die Bewältigung der in *sozialer* Hinsicht entstandenen Notstandsprobleme und des damaligen Verlusts an Kultur (im Bereich der Betriebssystem-Ebene). Die bloß auf Technologie und Materielles orientierte Geschichts-Vorstellung bedeutet die Negierung der Entwicklungen, die zum Faschismus und den beiden Weltkriegen usw. führten. Manches wusste man früher nicht besser. Doch können entsprechende >Ammenmärchen< von >Geschichte< und >Kultur< heute nicht mehr mit den historischen und humanevolutionären Befunden sowie mit Informiertheit, Aufgeklärtheit und Wissenschaft in Verbindung gebracht werden.

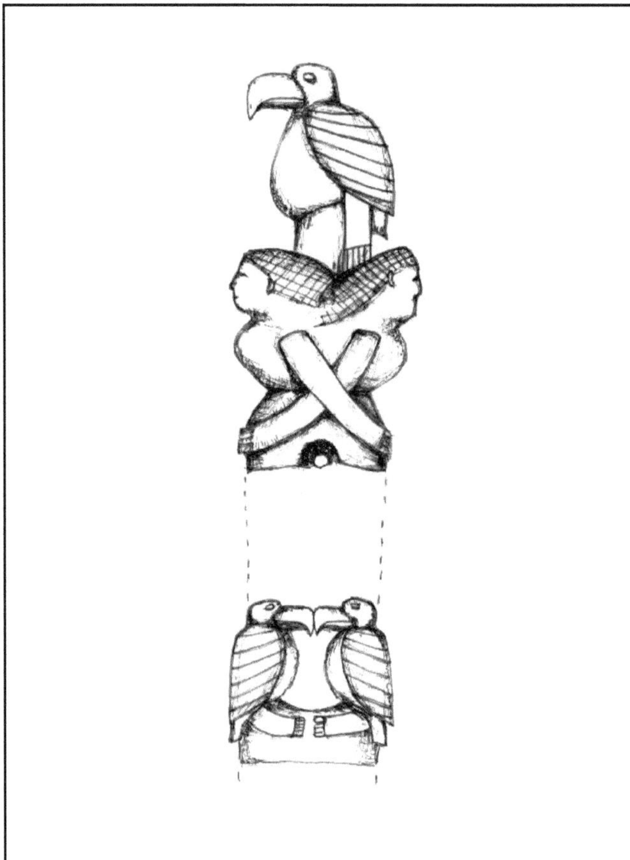

„Rekonstruktionszeichnung des so genannten Totempfahls von Nevalı Çori." (Gegend von Göbekli Tepe, 8500 – 7900 v. Chr.)

Zitat und Nachzeichnung nach: Klaus Schmidt: Sie bauten die ersten Tempel, S. 79. Höhe des oberen Teils ca. 1m, Angaben und Foto in: Badisches Landesmuseum Karlsruhe: Vor 12.000 Jahren in Anatolien, S. 289 f.

4.2 Die Mesolithische Revolution

Die völlig neuartigen kulturgeschichtlichen Entwicklungen, die am Ende der Eiszeit zuerst im Nahen Osten aufkommen, erklären sich nicht, wie man früher meinte, als Neolithische Revolution. Sie sind nicht die Folge der Entdeckung und Entwicklung der Nahrungsproduktion, die im Übrigen auch gar nichts Neues war, nur bis dahin jenseits punktueller Notstandsprobleme keine für die menschliche Existenz erhebliche Größe. Die Nahrungsproduktion war auch gar nicht die Ursache der historischen Entwicklung, sondern eine – auch *deutlich* – spätere *Folge* der neuartigen, von der Mesolithischen Revolution geschaffenen Sozialorganisation, die eine höhere Bevölkerungsdichte und –Größe ermöglichte, wofür nun Nahrungsproduktion unabdingbar wurde.

Diese Mesolithische Revolution, die recht grob auf 11.000 v. Chr. anzusetzen ist, entstand aus einer fundamentalen Krisen-Situation im Nahen Osten, die durch die gravierenden Natur-Umbrüche aufgeworfen war.

Das >Paket< des mit der Mesolithischen Revolution verbundenen Lösungsansatzes besteht aus **3** grundlegenden Punkten, die in einem inneren Zusammenhang stehen und deren Entstehen sich auch letztlich allein aus einer gegenseitigen Wechselwirkung erklärt (was insofern auch eine höchst spezifische historische Situation beschreibt):

1) eine neuartige Sozialorganisation, die nicht mehr wie bis dahin auf gemeinschaftlicher Kommunikation basierte;
2) eine neuartige Sprach-Anlage auf der bloßen Basis von Vokabular und Grammatik; und
3) eine neuartige Kultur- und Realitäts-Auffassung.

Die Notstands-Probleme, die am Ende der Eiszeit vor rund 13.000 Jahren aufkamen, schufen wohl prekäre Verhältnisse, aber noch keine absoluten Versorgungsprobleme. Von hier aus lag in der neuartigen Organisation – zunächst! - die entscheidende Lösung. Daraus entstand eine neuartige Dimension in der Organisation von Ressourcen, was (als Vorform von Handel) von Bedeutung wurde. Doch was zunächst das noch weit Entscheidendere war, war, dass sie für die Vermeidung von Kämpfen um die knapp gewordenen Ressourcen sorgte. Durch sie wurde eine Dichte an Standorten möglich, was bis dahin als ernstliche Bedrohung seiner Existenz zu Kämpfen geführt hat und bei entsprechenden Schwächen in der Organisation auch führte.

Als die früheste Technik, diese Kämpfe zu vermeiden und eine Organisation aufzubauen, erscheint die Begründung der neuartigen Sitte, seine Kinder gegenseitig zu verheiraten. Diese Heiratspolitik wurde die erste Form von Politik und Staat.

Doch scheint diese noch am Ende des Paläolithikums begründete >Institution< noch keine zureichende Lösung erbracht zu haben (sondern evtl. hier schon mit ihrer Clan-Bildung neue Probleme produziert zu haben). So kommt es mit der Mesolithischen Revolution zu der neuartigen Sozialorganisation namens >Stamm<. Diese Konzeption baut auf einer wohl schon seit einiger Zeit etablierten Praxis der Heiratspolitik auf, die die Vorstellung *besonderer* Verwandtschafts-Verhältnisse begründete. Das Entscheidende dieser neuen Konzeption, die auch entsprechende Entwicklungen auslöste, war jedoch, dass sie erheblich über die konkreten Verwandtschafts-Verhältnisse hinausging. Diese frühmesolithische Konzeption >Stamm< war die Ausgangsform des >Staats<, die auch mit sehr bestimmten Techniken und Konsequenzen verbunden war, die auch von weiterem Aufschluss über diesen Prozess sind. Denn mit ihr ging auch ein grundlegender Umbau in der Sprach-Anlage einher.

4.3 Die historisch neue Sprach-Entwicklung

Es soll hier nun im Besonderen das Thema Sprache aufgenommen werden, da Sprache von dem humanevolutionären Prozess her das grundlegendste Moment der menschlichen Software und >Programmierung< (Installierung) darstellt. Insofern sind die Prozesse des Umbaus von der humanevolutionär entstandenen Sprache des Homo sapiens zu der historischen Sprach-Entwicklung durch die Mesolithische Revolution ein wichtiger Schlüssel in Bezug auf die Substanz der damaligen Prozesse.

Hierbei ist zunächst einmal in etwa festzustellen:

> „Die Feingliederung der Sprachen, mit der wir heute leben, geht in ihren Anfängen auf die Periode der letzten Eiszeit zurück (vor ca. 12.000 Jahren). [...] Die formativen Prozesse aller bekannten Sprachfamilien [!] sind nicht älter als ca. 10.000 bis 12.000 Jahre." [67]

Diese Auffassung des Sprachforschers Harald Haarmann entspricht so weit in gewisser Weise meinen Einsichten, mit dem Zusatz, dass die historisch neuartige Sprach-Entwicklung m.E. ganz konkret in der etwas früher anzusetzenden Mesolithischen Revolution recht grob um 11.000 v. Chr. im Nahen Osten ihren *Ursprung* hat. Doch dauerte es in der Tat noch etwas, bis aus ihrem Ansatz einer neuartigen Sprach-Konzeption in der Notwendigkeit einiger Weiterentwicklungen die verschiedenen Sprachfamilien entstanden. Da sich die Sprachfamilien heute schon vom Zeitlichen her weder durch die Evolution noch durch die Verbreitung des Menschen über die Welt erklären, sind die vielfältigen sich darstellenden Zusammenhänge zwischen den Sprachfamilien umso interessanter...

[67] Harald Haarmann: Weltgeschichte der Sprache, S. 127

In meiner diesbezüglichen Forschung [68] kristallisierte sich heraus, dass mit der Entwicklung der neuen Sozialorganisation, die zuerst zu der Konzeption >Stamm< führte, auch eine neue Sprach-Entwicklung aufkam, die überhaupt erst diese neue Sozialorganisation und dann auch die weitere Fortschritts-Entwicklung ermöglichte. Umgekehrt brauchte die neue Sozialorganisation auch eine neuartige Sprach-Anlage. So wirkten beide Faktoren wechselseitig aufeinander zu einem Umbau der ursprünglichen Kultur-, Sozial- und Sprach-Anlage des Homo sapiens, auch wenn vieles in Mythologie und Vokabular auf der humanevolutionär entwickelten Sprache aufbaute und diese fortsetzte.

Denn es wird deutlich, dass diese Entwicklungen von der humanevolutionär entwickelten ursprünglichen Kultur und Sprache des Homo sapiens *in dieser Form* gar keine Möglichkeit gewesen wären, weil in ihr Vokabular, Mythologie, Kultur, Recht und Soziales absolut aufeinander abgestimmt waren. Eine Weiterentwicklung wäre dort ausschließlich auf der Basis gemeinschaftlicher Kommunikation möglich gewesen, doch genau diese funktionierte in diesem Kontext nicht mehr.

Die humanevolutionär entwickelte Sprache war gleichzeitig auch das menschliche >Gesetz< und seine (Kultur-) Verfassung und hierbei so als Bestandteil der kindlichen Sozialisation in Didaktik, Moral und Vokabular aufgebaut, dass man mit ihrer Kenntnis als Erwachsener seine Sozialverhältnisse auf der Basis von Kommunikation steuern konnte. Dazu brauchte es nicht nur Vokabeln wie >Gerechtigkeit<, sondern auch ihrer so klaren Bestimmung, dass ein *Gespräch* über empfundene Ungerechtigkeiten sozial befriedigende Lösungen erbringen konnte. Schließlich hatte man hier noch kein Rechtswesen und noch keinen Justizapparat, der die entstandenen Ungerechtigkeiten als >Recht< und also als >gerecht< erklären konnte (dies begann erst mit der Mesolithischen Revolution). Insofern waren die vorausgehenden Sozialverbände auf gemeinschaftliche Klärungen angewiesen. Anders wäre es humanevolutionär auch nie zu der Entwick-

[68] s. dazu das Werk *Cûl Tura* sowie das zu >Mebuntu<

lung von Kultur in dem evolutionär und menschlich entscheidenden Sinn unserer kulturalen Anlage gekommen.

Dies alles bedeutete freilich auch, dass man in seiner Sprache an die humanevolutionär entwickelte Software gebunden blieb. Darin lag ursprünglich auch die großartige Leistung der humanevolutionären Entwicklung, die unserer Art Homo sapiens über Zehntausende von Jahren bei all den äußeren Veränderungen eine dauerhafte soziale Stabilität zu bieten vermochte.

Doch am Ende der Eiszeit entstanden insbesondere zuerst im Nahen Osten Notstands-Probleme, in denen man offenbar nicht mehr genug Zeit für den Erwerb einer wirklicher Sprach-Beherrschung und der Befähigung zu einer wirklichen Kommunikation fand.

Hier scheint vor allem die Praxis der Jugend-Initiation betroffen gewesen zu sein, wie es sich auch in dem damaligen Umbau der Initiations-Praktiken belegt, besonders handfest mit dem Aufkommen des Brauchs der männlichen Beschneidung.

Insgesamt scheint die Jugend-Initiation nun vor allem auf das Heiraten und den >Vollzug der Ehe< ausgerichtet worden zu sein, sprich auf der weiblichen Seite vor allem auf das Kinderkriegen und die Betreuung der Kinder. Auf der männlichen Seite geht es nun um die Sicherung der Versorgung und der Stammes-Interessen und hierbei mehr und mehr auch um kriegerische Aspekte. Die entsprechende >Wehrpflicht<, bei der es im ersten Ursprung *tatsächlich* noch allein um ein Wehren ging, ist nichts Ursprüngliches und kein natürliches Produkt der männlichen Sozialisation, sondern eine Folge der Initiations-Praktiken der mesolithischen Stämme-Konzeption, die bald auch sehr entsprechende Konsequenzen an Gewaltverhalten zeitigte.

In der Folge des mangelnden Erwerbs an Sprach-Beherrschung (zuerst aufgrund der Verkümmerung und dann aufgrund der Verdrehung der Jugend-Initiation) geriet die ursprüngliche Sprache des Homo sapiens (**HS**) aus den Fugen. Wohl gebrauchte man noch die Wörter und die Geschichten, doch verstand man hierbei die eigentliche Technik der ursprünglichen Sprache HS nicht mehr. Schon von dort her kam es wieder zu der archaischen

Form von Sprache wie vor der eigentlichen Humanevolution, die lediglich in Vokabular und Grammatik begriffen wurde.

Dass man die ursprüngliche Sprache HS nicht mehr beherrschte, wird jedoch nicht bloß in Hinsicht auf die Konzeption von Vokabular und Grammatik deutlich, sondern weit mehr noch und mit noch größeren Konsequenzen in Hinsicht auf das Verstehen von Mythologie und ihre Verwendung.

Die Entwicklung der Mythologie war ja (als Betriebssystem) in Parallele zu der humanevolutionären Entwicklung von Kultur der entscheidende Sachverhalt in Neurologie und Sprache. Erst auf dieser Grundlage wurde die Befähigung zu einer vollen Selbststeuerung in Persönlichkeit und Sozialleben erreicht, und erst sie erbrachte die dafür notwendige sprachlich-geistige Komplexität (gegenüber dem „eindimensionalen Menschen“ [Marcuse] und einer entsprechenden >Kleingeistigkeit<).

Dass die mythologischen Geschichten (wie heute etwa die juristischen Fall-Geschichten) den genauen Inhalt dieser kulturellen Steuerungs-Begriffe und ihre Einbettung in Individuum und Sozialleben klärten (mit einer entsprechenden Installation in der Kindheit), verschwand hier aus dem Verstehen dieser Geschichten.

Doch noch schwerwiegender war, dass man hier Sprache nicht mehr als *Sprache,* die Bilder und Geschichten nicht mehr als Bilder und Geschichten begriff, sondern als Vermittlung von >Realität<. So kam es zu der >babylonischen Sprachverwirrung<, die Sprache, Mythen und Realität durcheinanderbrachte, was bald auch Tausende von Sprachen zur Folge hatte. Doch wurde hier auch aus *Geist* schnell *Gespenstisches.*

Die Rolle der Mesolithischen Revolution ist hierbei als ambivalent zu sehen. Sie kann nicht als die Ursache dieser Problematik betrachtet werden. Diese Ursachen sind vielmehr die von den gigantischen Naturkatastrophen ausgelösten Notstands-Probleme mit ihren geistig-sozialen Wirren.

Wenn man auch die Konsequenzen, die die Mesolithische Revolution aus den entstandenen Gegebenheiten zog, bestens verstehen kann, so bleibt hier dennoch zu sehen, dass ihre Begründung der historischen Entwicklung auf einer substanziell unzureichenden Software aufbaut. Tatsächlich war es sogar das substanziell Unzureichende, das bis heute die Dynamik der historischen Entwicklung stellte, bedurfte es der ständigen Nachbesserung, wollte man den gesellschaftlichen Kollaps verhindern. Gerade hieraus entstanden auch höchst bedeutsame Fortschritte wie etwa in der Entwicklung von Wissenschaftlichkeit, doch erreichte dies bislang nicht die entscheidende Lösung. Immerhin ist jedoch durch die Technologie und die Wissenschaften ein neues Potential in Bezug auf die Versorgung und das kulturelle Knowhow (Geschichte, Psychologie usw.) entstanden, mit der sich die historisch entstandenen Probleme überwinden lassen.

Es ist hier aber für den Prozess der historischen Entwicklung das Bezeichnende, dass er von Anfang an auf einer neuartigen Sozialmythologie basiert. Dies kommt schon in der Konzeption >Stamm< selbst zum Ausdruck. Sie hat keine natürliche und keine authentisch kulturelle Grundlage, sondern ist das bislang historisch entscheidende Produkt des neuen Gebrauchs von Mythologie.

Diese neuartige Sozialmythologie wurde aus dem Umbau der humanevolutionär entwickelten Sprache gewonnen. War die ursprüngliche Mythologie über ihre Bilder und für die kindliche Sprach- und Bewusstseins-Entwicklung als Betriebssystem die Grundlage der humanevolutionären Kultur und Sprache, so wurden nun diese Geschichten dazu aufgenommen, seine Sozialorganisation aufbauen, sichern und steuern zu können.

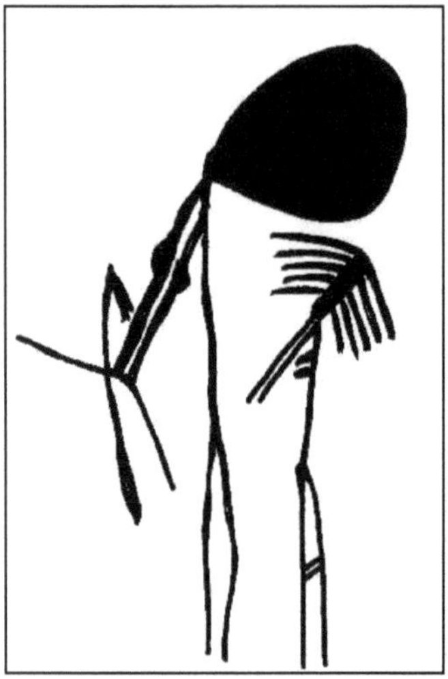

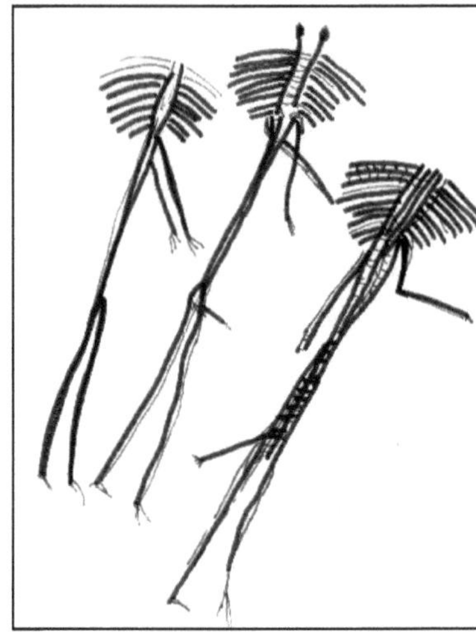

Felsmalereien und Geister-Darstellungen

Nachzeichnungen: *links* ***Australien****: ein Mimi-*Geister-*Paar, die rechte Figur ist weiblich (Anati S. 373). Vgl. dazu rechts die Felszeichnung in* ***Tansania*** *(Anati S. 193). Auch die „Rundköpfe" (linke Figur linkes Bild) finden sich in der* ***Sahara*** *in der dortigen Kulturform der „Höheren Sammler".*

Diese Darstellungen und Stilformen können durchaus als sehr spezifisch gesehen werden. Sie sind weder in Stil noch in den Inhalten paläolithischer Art.[69] Die zudem betonten Kopf-Darstellungen dürften durchaus konzeptionell motiviert sein, dass ihre Entsprechungen nicht per se als Zufall abgetan werden sollten. Auch sie könnten in Wirklichkeit einen Status kennzeichnen, und es ließe sich an maskenartige Vermummungen (etwa aus Stroh- und Strauchbüscheln) denken – diese Techniken dienen genau wie die neuartige >Geister<-Mythologie und >Felskunst< der neuen sozialen >Steuerung<.

[69] In Australien kommt ab 10.000 der neue „Sydney-Stil" auf, so: Emmanuel Anati: Höhlenmalerei, S. 396

„Dabei scheint es Allgemeingut der Kulturen zu sein, dass Staat und Gesellschaft religiös fundiert sind, d.h., ihre Ordnungen gelten nicht als etwas von Menschen zu einem bestimmten Zweck Geschaffenes, sondern als >Satzungen< vorgegebener und heiliger Art: sie sind ein Stück Religion." [70]

„[...] andererseits sind sich die Wissenschaftler heute darüber einig, dass es sich bei den ältesten Stadtzentren um zeremonielle Komplexe handelte. P. Wheatly hat die religiöse Intention und Funktion der ersten Städte in China, Mesopotamien, Ägypten, Mittelamerika usw. überzeugend bewiesen. Die ältesten Städte wurden im Umkreis von Heiligtümern erbaut, d.h. in der Nähe einer heiligen Stätte, eines >Weltmittelpunktes<, an dem man die Kommunikation zwischen Erde, Himmel und Unterwelt für möglich hielt." [71]

Am Ende des Paläolithikums waren die sprachliche Oberflächen-Struktur (Chomsky) aus Vokabular + Grammatik und die Mythologie als das semantisch-kulturelle Innere von Sprache und Kultur auseinander gefallen. Die Mesolithische Revolution nutzt dies, um die Mythologie nunmehr für ihre Sozialorganisation einzusetzen. Mit der Abspaltung der Mythologie als dem ursprünglich tragenden Bestandteil von Sprache und Kultur ist die Mythologie nicht mehr an die Sprache, Kultur und Realität gebunden und steht damit für ihren Einsatz in der neuen Sozialorganisation ganz nach Bedarf frei.

Umgekehrt wird mit dieser Trennung auch die Sprache frei. Erst mit dieser Abspaltung von der Mythologie am Ende der Eiszeit entsteht die historisch neuartige Auffassung von Sprache als bloßem Sachverhalt von Vokabular und Grammatik, und es ist in der Tat diese neue Sprach-Anlage, die überhaupt erst die Entwicklung des historischen Fortschritts ermöglichte.

---

[70] Eberhard Otto, in: Saeculum Weltgeschichte, Band 1, S. 10

[71] Mircea Eliade: Geschichte der religiösen Ideen, Band I, S. 123 f.

Hier steht nun das Vokabular für sich selbst, das nun semantisch frei gefüllt oder nach Bedarf erweitert werden kann. Es ist nicht mehr handfest in die kulturelle Anlage eingebunden und eindeutig definiert. Man kann hier nun beliebig Wörter aus anderen Sprachen aufnehmen (dass wir heute im Deutschen ein Sammelsurium aus den verschiedensten Epochen und Sprachen haben). Nun kann sich jeder selbst etwas unter >Gerechtigkeit< und unter >Liebe< usw. ausdenken, was Weiterentwicklungen ermöglicht. Nur entsteht hierbei ggf. auch das Problem, dass jeder etwas entscheidend Anderes damit assoziiert, dass man bei allem Bedürfnis nach >Liebe< dies oft nicht mehr miteinander kommunizieren kann (scheint dies auch gerade zwischen den Geschlechtern recht unterschiedlich assoziiert). Solche Probleme belegen sich bereits seit der frühen historischen Entwicklung in den unterschiedlichsten Bedeutungs-Entwicklungen der Wörter und Symbole (wie z.B. >Drache<).

Mit der Entkopplung von Sprache und Mythologie erhalten beide Formen eine neuartige Freiheit, die als Prämisse für die historische Entwicklung einzuschätzen ist. Die Mythologie, die paläolithisch an die humanevolutionär entwickelte Kultur band, konnte nun zu einer Steuerungs-Technik der neuen Sozialorganisation verwendet werden.

Die mesolithische Stämme-Mythologie ist bereits als Ausdruck dessen zu sehen. Die neuartige Sozialorganisation hatte außer dem Versuch der Lösung der entstandenen Notstandsprobleme weder eine inhaltlich (kulturell) bestimmte Basis, noch entstand sie auf der Basis gemeinschaftlicher Kommunikation. Sie war, anders formuliert, in den entstandenen Notstandsproblemen reine „Mythologie“ zum Zwecke seiner Organisation.

Der Kern der frühmesolithischen Stämme-Mythologie verknüpfte sich mit den Stamm-Ahnen a la Adam & Eva (bei denen es sich bekanntermaßen noch nicht um >Götter< handelt). Sie sind das Produkt des Verschmelzens der ursprünglich reinen Sprach-Figuren wie etwa der >Mond-Mutter< und dem >Sonnen-Vater< mit wichtigen Vorfahren seiner Stämme-Bildung. Damit geht das Verschmelzen der ideellen Autorität der ursprünglichen Sprache und Verfassung mit der praktischen Autorität der neuen Stammes-Führer einher.

Auf dieser Basis der kulturellen Steuerung durch die Stammes-*Führer*, deren Mythologie nun nicht mehr an Sprache, gemeinschaftliche Kommunikation und Realität angebunden ist, steht ein innovativer Prozess, der die bisherige Grundlage der historischen Entwicklung stellte.

Was die ursprünglichen zentralen Steuerungs-Begriffe wie z.B. >Gerechtigkeit< eigentlich bedeuten, kann auf der bloßen Basis von Wörtern nicht mehr kulturell und in gemeinschaftlicher Kommunikation bestimmt werden. Auch bei uns reichen die Gesetze allein nicht. Es braucht für eine nähere Bestimmung ihrer >Bedeutung< immer noch der Fall-Geschichten. Die primäre und letzte Bestimmung der Inhalte von >Sprache< (im eigentlichen Sinn) übernehmen die auf die Autorität der >Stamm-Ahnen< und ab dem Neolithikum noch absoluter auf die der >Götter< gestützte gesellschaftliche >Autorität< (Gesetzgebung, Richter und Befehlshaber).

Kulturologisch bedeutet dies, dass der Verlust an Betriebssystem-Software (zunächst mangels hinreichender Installation) durch die bestimmenden >User< in der Mesolithischen Revolution durch neue Software und dann auch durch etliche Eingriffe in das alte Betriebssystem substituiert wurde.

Damit wurde wohl in technologischer Hinsicht eine völlig neue Leistungsfähigkeit erreicht (in Dienstleistung und Produktion). Doch darin liegen auch die kulturellen Probleme der historischen Entwicklung, die bis zu den Weltkriegen und den Faschismen usw. führten. Diese Art von Anwendungs-Software reicht angesichts der kulturalen Hardware des Menschen nicht hin. Es braucht eine funktionsfähige Betriebssystem-Software und deren Installation.

Im Nahen Osten kam es nach den ersten Erfolgen der frühmesolithischen Stämme-Bildungen schon im Frühen Mesolithikum selbst zu völlig neuartigen gesellschaftlichen Problemen, vor allem zu Kämpfen zwischen Stämmen um Ansprüche auf Ressourcen bzw. Gebiete. Als Lösung dieser Kämpfe wurde mit dem Mittleren Mesolithikum ein übergreifender Stämme- bzw. Völker-Rechts-Bund eingerichtet, dessen Oberzentrum wohl Göbekli Tepe (Türkei – Grenze Syrien) war. Da auch diese Konzeption nur vorübergehend funktionierte, stellte man mit dem Späten Mesolithikum (um ca. 9.500 v. Chr.) diesen Rechts-Bund auf eine durch >Macht< deutlich straffer organisierte Basis. Ausdruck dessen ist der Bau der imposanten Anlage auf dem Göbekli Tepe, der Stonehenge schon um Jahrtausende vorwegnimmt.

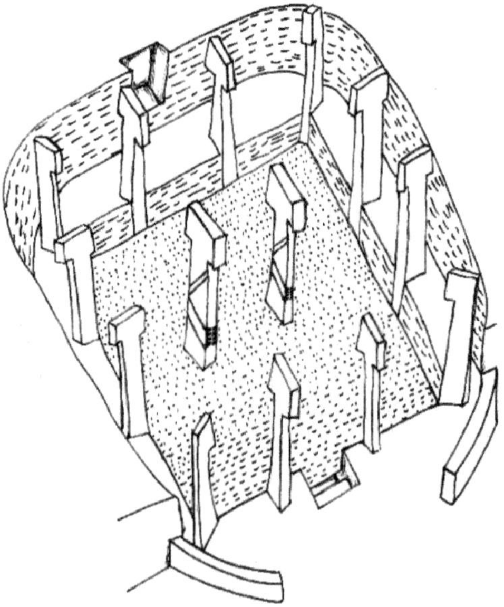

Dieses Gebäude von *Nevalı Çori* aus der Zeit und Gegend von Göbekli Tepe bietet eine Idee in Bezug auf die ähnlichen Kult-Bauten auf dem Göbekli Tepe. Der Pfeiler auf der Seite zuvor gehört zu einem solchen zentralen Pfeiler-Paar (s. S. 165).

Nachzeichnung nach: Klaus Schmidt: Sie bauten die ersten Tempel, S. 75

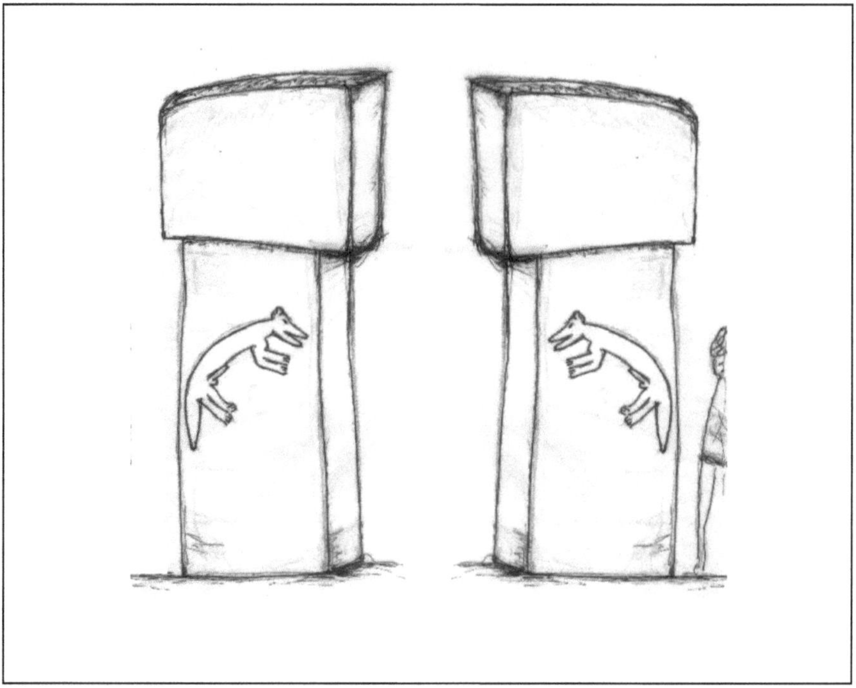

Göbekli Tepe: diese Pfeiler dürften jeweils einen Stamm-Ahnen verkörpern, hier jedoch nicht in geschlechtlicher Form, sondern in Form der Moiety-Konzeption.

Ein zentrales Pfeiler-Paar eines „Tempels" - hier aufgeklappt -, das eigentlich parallel zueinandersteht (s. vorausgehende Seite). PPN A, Höhe dieser Pfeiler um 3,60 m. Nachzeichnung rechter Pfeiler (links hier nur gespiegelt).

Originale Fotos u.a. in: Klaus Schmidt: Sie bauten die ersten Tempel, S. 135

4.4 Kulturologie und Historiologie

Angesichts der Menge an Themen und Gesichtspunkten, die aus der historischen Entwicklung in kulturologischer Hinsicht entstehen, macht es Sinn, diesen Komplex im Näheren eigenen Werken zu überlassen. Zunächst muss es darum gehen, die Konzeption und die Grundlagen der Kulturologie – auch im weiteren Diskurs – zu klären.

4.4.1 Zu dem historiologischen Resultat

Hier soll nur im Ergebnis festgestellt werden, dass sich die Entstehung des historischen Prozesses nicht als eine natürliche und graduelle Weiterentwicklung der humanevolutionär entstandenen Kultur des Homo sapiens erklärt. Darauf soll auch der entsprechende Begriff der >Mesolithischen Revolution< (in Analogie zu der früheren Vorstellung von der Neolithischen Revolution) verweisen.

Was sich hier, wie beschrieben, darstellt, ist, dass die historische Entwicklung von den gewaltigen Naturkatastrophen und –Umbrüche am Ende der Eiszeit ausgelöst wurde. Anders als vielen höheren Tier-Arten gelang es hier dem Menschen wohl zu überleben, doch verbreitet auch nicht viel mehr. Dies war mit einem entsprechenden Verlust bei der Software namens Kultur verbunden, woraus sich auch die ganzen historischen Probleme wie die Entstehung autoritärer Weltanschauungen, diktatorischer Systeme, Macht, Gewalt, Militarismus usw. erklären. Dies lässt sich heute weder zeitlich noch inhaltlich aus der Humanevolution und der eiszeitlichen Kultur des Homo sapiens ableiten.

Auch die Bedeutung, die die Mesolithische Revolution im damaligen Weltgeschehen wie in dem historischen Prozess erhielt, erklärt sich ausschließlich dadurch, dass die Krisen- und Notstands-Problematik nicht allein auf den Nahen Osten beschränkt war, sondern – wenn auch nicht überall, so doch – insgesamt weltweit bestand (Klima-Umbruch, der sintflutartige Anstieg des Meeresspiegels um rund 120 m infolge des Abtauens der eiszeitlichen Gletschermassen usw.). In der besonders verschärften Situation im Nahen Osten wie auch in ihrer zentralen Lage zwischen drei Kontinenten erhielten hier die Lösungs-Entwicklungen seit der frühmesolithischen Stämme-Konzeption mit teilweise tendenziell weltweiter Wirkung eine prototypische Pionierrolle, so in der mittelmesolithischen Megalith-Kultur (> Göbekli Tepe), der spätmesolithischen Ahnen-Kult-Kultur (u.a. mit dem Schädel-Kult), der Neolithischen Revolution und der patriarchalen kupferzeitlichen Revolution (mit den Metallen und dem Sonnen-Gott-Kult).

Nach den Notstands-Problemen infolge der gigantischen Naturkatastrophen kommt nun an zweiter Stelle die Mesolithische Revolution als die Begründung der historischen Entwicklung hinzu. Unter *dieser Prämisse* sind dann auch die positive Leistung und Konsequenz der Mesolithischen Revolution zu sehen. Denn ohne diese positive Leistung wäre es in der vorliegenden Form nicht zur historischen Entwicklung gekommen. Im Nahen Osten wäre lediglich ein Krisen-Szenario etwa in der Art von Papua-Neuguinea entstanden, wo man in kleinen Verbänden in dauerhaften Kriegsfehden verbracht hätte. Dazu ist es auch im Nahen Osten bis heute zur Genüge gekommen. Doch gab es dort von der Mesolithischen Revolution her immer auch eine konstruktive Tradition, die die Grundlagen für den historischen Fortschritt stellte.

Über diese handfesten Notstands-Probleme hinaus zur Begründung der historischen Entwicklung gekommen zu sein, deren neue Software-Anlage bis heute das kulturelle Fundament stellen, ist als eine beachtliche Leistung der Vertreter der Mesolithischen Revolution zu würdigen. Die gewaltige Megalith-Anlage von Göbekli Tepe ist hierbei (trotz der Ambivalenzen) als solch ein Beispiel dafür zu nennen.

Allerdings ist es an der Zeit, nicht bloß die gute Seite der historischen Entwicklung zu sehen, sondern auch die bis heute durchgängigen Folgen der substanziellen Mängel an Kultur. Es ist nicht der Mesolithischen Revolution zuzurechnen, dass sie die damals entstandenen Verluste an Kultur nicht zu lösen vermochte. Doch wenn man nicht an der improvisierten Software-Konstruktion von vor ca. 13.000 Jahren scheitern will, die heute immer noch die Grundlage unserer >Kultur< stellt, ist es überfällig, die heute bestehenden Probleme mit der Geschichte dieser unzureichenden Software-Grundlage in Verbindung zu bringen. Denn es gibt keinen Mangel mehr an Nahrung, an Produktion, Dienstleistungs-Angeboten und Produktionsmöglichkeiten. Der ganze Mangel besteht in Hinsicht auf Kultur als der menschlich und sozial entscheidenden Software.

Was sich insgesamt darstellt, ist, dass man damals in den gigantischen Naturkatastrophen nicht mehr die Zeit und den Kopf fand, vollgültig das humanevolutionär entwickelte notwendige Software-Paket zu installieren. Dies betraf insbesondere den entscheidenden Bereich der ursprünglichen Jugend-Initiation, in der erst das Eigentliche an Sprach-Beherrschung und an Fähigkeit zu Kommunikation, Liebe und im Konflikt-Umgang (gerade eben im Geschlechter-Verhältnis und *vor allem in der Liebe*) installiert wurde.

Es fielen also gerade die entscheidenden Bereiche der humanevolutionären Entwicklung weg, die erst ein wirkliches Bewusstsein, das Eigentliche von Kultur und also ein fähiges Sozial- und Beziehungs-Leben erbrachten. Darauf verweisen die heutigen Einsichten in der Neurologie und Psychologie (auch Kommunikations-Psychologie), und dies belegt sich umgekehrt in der historischen Entwicklung.

Doch da inzwischen erkennbar geworden ist, dass sich die entstandene Problematik aus einer unzureichenden Software und Installation erklärt, erscheint es nun auch als lösbar. Das grundlegende Knowhow und das ökonomisch-materielle Potential dafür sind bereits vorhanden.

4.4.2 Zu der Kompatibilität von Kulturologie und Historiologie

Grundsätzlich ist zunächst zu sagen, dass **Kulturologie** und **Historiologie** (als die Wissenschaft der Wirkungen der historischen Entwicklung auf die menschliche Verfassung) zwei sehr verschiedene Dimensionen der menschlichen Realität beschreiben.

Die historische Entwicklung erklärt sich nicht als eine Erweiterung der humanevolutionären Kultur, sondern baut auf dem entscheidend andersartigen Fundament der Mesolithischen Revolution auf, woraus auch die Dynamik der historischen Entwicklung entstand.

Insofern können Geschichte und Kultur unmöglich als lediglich zwei verschiedene Begriffe für insgesamt das Gleiche gesehen werden. Eine Kulturologie hat hier vielmehr auf den Einsichten in die Humanevolution und speziell der humanevolutionären Entwicklung der Software bzgl. Kultur und der entsprechenden kulturalen Anlage als Hardware aufzubauen.

So sehr die historische Entwicklung auch von einer Fülle an kulturellen Momenten gekennzeichnet ist, die quantitativ weit über den eiszeitlichen Bestand der Humanevolution und von Homo sapiens hinausgeht, so ist doch die Annahme unbegründet, dass die historische Entwicklung deswegen über mehr verfügte, worum es im *Eigentlichen* bei >Kultur< als der Software in Entsprechung zu unserer kulturalen Hardware geht. Nicht der Stand der Technologie ist dafür das entscheidende Kriterium, sondern etwa die Fähigkeit zu wirklicher Kommunikation und die Überwindung von Militarismus und sozialer Probleme usw.

Dies ist nicht einfach zu erreichen, doch, wie die humanevolutionäre Entwicklung gezeigt hat, ein reales menschliches Potential und evolutionär für ein Überleben auch unabdingbar. Zumindest auf der Persönlichkeits-Ebene, im Beziehungs-Leben wie in kleineren Sozialkontexten lässt sich heute und auch relativ schnell eine deutlich andere Qualität erreichen, dass solche Lern- und Sozial-Entwicklungen bzgl. der >Betriebssystem-Ebene< auf jeden Fall lohnen. Gesellschaftlich bleibt es mit allen Folgen davon abhängig, wie sehr sich dieses Verstehen verbreitet.

Von den Grundlagen der Mesolithischen Revolution her baut die historische Entwicklung jedoch **nicht** auf den in der Humanevolution erreichten Grundlagen eines vollgültigen >Betriebssystems< an Sprache und Kultur in Entsprechung der kulturalen Anlage des Homo sapiens auf. So sehr diese neue Grundlage auch beeindruckende Fortschritte (in der Anwendungs-Software) erreicht hat, stellen sich doch auch beträchtliche substanzielle Funktionsstörungen dar, wie es sich in jüngerer Zeit im Besonderen in den beiden Weltkriegen und in den Faschismen gezeigt hat.

Diese Funktionsstörungen erklären sich nach der hier vorliegenden historiologischen und kulturologischen Einsicht in der unzureichenden historischen Anlage des kulturellen >Betriebssystems<.

Hier geht es jedoch um die Folgerung, dass eine Kulturologie nicht *unmittelbar* von Gegebenheiten der historischen Entwicklung begründet werden kann, wie es insgesamt keine wissenschaftliche Basis hat, innerhalb der historischen Verhältnisse *unmittelbar* zu anthropologischen Aussagen zu kommen (etwa via Umfragen). Es gibt ab der Säuglingsstufe keine von der Software-Installation unabhängige menschliche *Biologie*, wie es sich etwa bzgl. von Sprache und >Sehen< zeigt. Dieser Prozess ist neurologisch erheblich substanzieller, als hier >Sprache< (und Kultur) traditionell begriffen wird.

Der Schnittpunkt der Kompatibilität zwischen der Kulturologie und der Historiologie liegt in dem Phänomen der >Mesolithischen Revolution<. Die Mesolithische Revolution ist – grundsätzlich betrachtet - der Umschlag von der humanevolutionär begründeten Kultur in den Prozess der historischen Entwicklung. Hierbei zeigen sich sehr bestimmte Ursachen (nämlich die gigantischen Naturkatastrophen am Ende der Eiszeit mit ihrem besonderen Effekt auf den Nahen Osten), wie dieser Umschlag insbesondere in sehr bestimmten Punkten erfolgte (nicht in der Nahrungsproduktion, sondern wie beschrieben zunächst) in einer neuen Sozialorganisation, einer neuen Sprach- und einer neuen Kultur-Anlage. Die (Notwendigkeit der) Nahrungsproduktion war erst auf die Dauer eine Folge der höheren Bevölkerungsgröße und –Dichte aufgrund der mesolithischen Sozialorganisation und Notstands-Kultur.

Von diesen – sich *derzeit* darstellenden - Sachverhalten kann in Zukunft eine genauere Verhältnisbestimmung zwischen Kulturologie und Historiologie ausgearbeitet werden.

Doch ist dies bei dem derzeitigen Stand der Dinge noch einige Zukunftsmusik. Bei den derzeit gängigen Fehleinschätzungen der Humanevolution und der eiszeitlichen Kultur des Homo sapiens sowie der Realität der historischen Entwicklung (>Ammenmärchen<) ist dies keine Möglichkeit. Freilich gibt es schon etliche Beiträge, die entscheidend andere Einsichten ermöglichen.

Wir erreichen heute langsam einen Überblick, der weit vor die Humanevolution vorausgeht. Von dort her wird die menschliche Anlage (Humanwissenschaften) und auch die historische Entwicklung samt ihren Ursachen und Folgen nun langsam überschaubar und in ihren Grundzügen sachgemäß, wie vor einiger Zeit in Hinsicht auf die Weltkarte.

4.5 Kultur: Zivilisation, Kult, Pseudo-Kultur usw.

- Grundlegende Begriffe und Kategorien einer Kulturologie

Bei aller weiteren Vielschichtigkeit hat der Begriff >Kultur< zwei grundlegend verschiedene Bedeutungen. Dies hat seinen Grund darin, dass sich die eine Bedeutung von der kulturalen Anlage (= Hardware) des Menschen her bestimmt und die andere von der entsprechenden Funktion als Software her, was aufgrund der historischen Entwicklung zwei sehr verschiedene Sachverhalte sein können.

Angesichts der kulturalen Anlage des Menschen ist jeder Ausdruck der menschlichen Existenz formal betrachtet >Kultur<, selbst Primitivität, Dummheit, Krieg und Terror. Denn aus der kulturalen Hardware des Menschen erklären sich auch solche Bewusstseins- und Verhaltensformen nicht, außer im individuellen Einzelfall bei Pathologien. Gewisse genetische Verhaltensformen können neurologisch nur bei der Kindheit veranschlagt werden. Auf der Erwachsenen-Ebene lassen sich ansonsten Unfähigkeiten im Verhalten *der Sache nach* nicht auf die Hardware zurückführen, ebenso wenig wie Störungen im Computer-Betrieb im Falle mangelhafter Software.

Das Verhalten ist beim Menschen ist grundsätzlich eine Sache der sozialen Software, der Installation und der User-Ebene (Selbststeuerung), sozial wie personal. Wo menschlich und sozial ruinöse Verhaltensformen gesellschaftlich Gemeingut oder gar ausdrückliche Absicht sind, ist dies entsprechend als >Programm< = >Software< zu charakterisieren. Dies ist in formaler und struktureller Hinsicht >Kultur<, wenn auch von der eigentlichen Funktion her mehr oder weniger >Unkultur<. In anderer Hinsicht sind kulturell vermittelte sozial und menschlich ruinöse Verhaltensformen auch als Formen >kultureller Verwahrlosung< zu charakterisieren.

>Kultur<, die auch bei guten Absichten in Bezug auf Selbststeuerung und fähige Beziehungs- und Sozialverhältnisse keine befriedigenden Resultate erreicht, ist – sofern solche Probleme nicht etwa auf Naturkatastrophen zurückgehen – als eine unzureichende oder ggf. auch als höchst >stümperhafte< Software zu sehen. Im Historischen müssen hier freilich die jeweils gegebenen historischen Prämissen berücksichtigt und analysiert werden. Weder können hier die politischen Sonntagspredigten als Erkenntnisgrundlage genommen werden, die ihr Handeln immer als das beste Mögliche oder zumindest als das geringste Übel darstellen; noch kann die historische Problematik der Politik und den heutigen Individuen in die Schuhe geschoben werden. In diesen Hinsichten haben eine Historiologie und eine Kulturologie eine bedeutsame analytische Funktion, um >Vorstellungen< und ideologische Komplexe zu überwinden und Grundlagen für eine gesellschaftliche Kommunikation zu schaffen.

Auch das Verhältnis von Tradition - Riten/**Kult** und Kultur kann hier nicht pauschal bestimmt werden. Grundsätzlich kann nur gesagt werden, dass Kultur evolutionär überhaupt erst durch Tradition möglich wurde, wie dies im Besonderen in Bezug auf Sprache ersichtlich ist. In gewisser Weise wäre von der Sache her Tradition lediglich ein anderes Wort für >Kultur< - gäbe es hier nicht die historische Problematik. Insofern bleibt hier kulturologisch zu sagen, dass Tradition nur so weit menschliche Legitimität hat, insofern sie tatsächliche Kultur ist. Ansonsten gilt das oben in Bezug auf das Historische Gesagte.

Entsprechend sind manche rituellen Formen als Ausdruck von Kultur und auch von je her als Bestandteil der menschlichen Kultur einzuschätzen. Dazu wären auf jeden Fall bestimmte Gegebenheiten der >Jugend-Initiation< und im Umgang mit dem Tod zu zählen.

In anderen Hinsichten sind etliche Entwicklungen von Riten mit dem historischen Problem des Verlusts an Kultur in Verbindung zu bringen. Bestimmte Riten, Konventionen und dann auch Gesetze entstanden und entstehen aus der Unfähigkeit zu Selbststeuerung und Kommunikation. Mit Hilfe bestimmter Riten werden – zumeist im Anschluss an Kinderspiele – ursprüngliche Funktionsbereiche von Sprache, Bildung und Selbststeuerung ins >Unbewusste< verlagert und so in Verhalten, Sprache und Bewusstsein zu Mechanismen und ggf. auch auf der sozialen und personalen Grundebene zu regelrechten Automatismen. Dies gilt für manche grammatische Phänomene wie etwa das >grammatische Geschlecht<, das wohl im Späten Mesolithikum im Kontext der damals neuen Geschlechts-Ideologie (als ganzes Weltbild wie etwa *die Sonne – der Mond* usw.) aufkam oder auch für das historisch keineswegs arglose Stammformen-Konzept mit Perfekt – Imperfekt (wie in *schwimmen – schwamm – geschwommen*).

Historisch dienen bestimmte Kulte und Riten zunächst dem Ersatz (Substitution) von Ausfällen an Kultur und Reflexion/ Kommunikation. Doch recht bald kommt es auch zu der umgekehrten Entwicklung, in der eine Art von Theater [72] in der projektiven Wendung realer Ohnmachts-Probleme zur Inszenierung von „Macht“ und „Kultur“ in Gebrauch kommt. Dies stellt sich in der spätmesolithischen Anlage von Göbekli Tepe in einem bereits hochgradigen Maß dar (incl. einer kaum zufällig reichhaltigen Aggressions-Symbolik). Es ist angesichts der Reichweite des mittelmesolithischen Völker-Rechts-Bundes nicht unwahrscheinlich, dass Göbekli Tepe (vor allem in der megalithischen Tradition) in der Sozialmythologie über lange Zeiten weitergewirkt hat und bei analogen Situationen zur Errichtung von Megalith-Anlagen wie Stonehenge, Hügelgräbern und Pyramiden führte.

In solchen Kontexten von „Macht“ sind kulturologisch für entsprechende Inszenierungen die Begriffe >Pseudo-Kultur< und ggf. sogar >Anti-Kultur< aufzustellen. In dem passiven Kontext, wo >Kultur< mangels Bestands an bzw. an Fähigkeit zu wirklicher Kultur durch Formen von Theater kompensiert wird, handelte es sich entsprechend um >Pseudo-Kultur<. Wo noch keine tatsächliche Kultur erreicht ist, ist diesen Formen von >Pseudo-

[72] S. hierzu etwa auch: Erving Goffman: Wir alle spielen Theater

Kultur< eine wichtige und auch konstruktive Funktion zuzusprechen, sofern die >Kultur der Pseudo-Kultur< die Pseudo-Kultur nicht von sich aus festschreibt, sondern sie nur als vorläufige Verlegenheits-Lösung begreift.

Hingegen wird bei der >Anti-Kultur< die evolutionäre Funktion von Kultur aktiv und mit Absicht auf den Kopf gestellt, um seine Interessen *gegen* Andere und dabei ggf. auch in der Zerstörung von Kontexten realer Kultur durchzusetzen. Dies entspricht der Art und Weise von (Computer-) Viren-Programmen, von Übergriffen auf andere Computer und ggf. im Internet als regelrechtem „Cyber-War".

Es bleibt hier zu sehen, dass diese Formen historisch im Besonderen in dem Kontext der ursprünglich höchst spezifischen Kulturform namens >Zivilisation< wirksam waren. Darin lag neben der konstruktiven Seite auch der Grund für ihren besonderen historischen Erfolg.

Die Entstehung der Kulturform namens >Zivilisation< am Ende des Mesolithikums wurde durch eine historisch neuartige Dimension im Verlust an Kultur begründet. Hintergrund dessen ist der Zusammenbruch des spätmesolithischen Systems von Göbekli Tepe aufgrund der Eskalation kultureller Konflikte.

Schon die Begründung dieses spätmesolithischen Systems von Göbekli Tepe hatte, wie schon angesprochen, Notstände und >handfeste< Konflikte zum Hintergrund. Angesichts dessen, dass sich hier kein allgemeines Einverständnis mehr erreichen ließ, war das neue System auf der Basis von Mehrheit und also von >Macht< dort die einzige Alternative zu Chaos. Tatsächlich bedeutete das neue System eine Stabilisierung des Nahen Ostens und auch darüber hinaus eine Verbesserung der Versorgungslage wie auch einige entscheidende konstruktive Weiterentwicklungen. Diese stellten insgesamt die Grundlagen der zivilisatorischen Entwicklung, wie wohl etwa die (erstmalig gezielte) Züchtung von Getreide, Vorformen von Handel und der Verwaltung der Bevölkerung usw. All dies geht in diesen Formen spezifisch auf das spätmesolithische System von Göbekli Tepe zurück (übrigens wohl auch die Flexionssprache als der Grundlage sowohl des Indogermanischen als auch des Semitisch/Afroasiatischen).

Bedeutete dieses System mit der Stabilisierung der Verhältnisse und der Verbesserung der Versorgungslage zunächst den beabsichtigen Vorteil, so traten doch mit der Zeit immer mehr die problematischen Grundlagen dieses Systems heraus. Als die handfesten Konflikt- und Notstandsprobleme gelöst waren, nahm die Elite (die ehemaligen Stammes-Führer und die Clans) in dem wechselseitigen Verhältnis zwischen Privatisierung und dem Zerfall der dortigen Stämme die weiteren Verbesserungen wie die bestehenden Rechte mehr und mehr für sich selbst in Anspruch. Mit der Ausprägung einer kleinen >Oberschicht< und ihrer Wohlfahrt entstand die große >Unterschicht< mit mehr oder weniger sozialem Elend. Hier liegen die Ursprünge des >Adels< (der sich als die leiblichen Nachfahren der Stamm-Ahnen a la >Adam & Eva< und dann auch der „Götter“ zu behaupten vermochte) wie die Ursprünge der Sklaverei und Prostitution usw. Bereits um 8800 v. Chr. verliert Göbekli Tepe die Unterstützung aus den größeren Entfernungen, die neuen Pfeiler sind deutlich kleiner. Um 8000 v. Chr. endet dort die Bautätigkeit insgesamt. Es spricht einiges dafür, mit diesem Ende die Spaltung in das spätere Indogermanische und das spätere Semitisch/Afroasiatische zu verbinden. Göbekli Tepe bleibt demnach nur noch in der unmittelbaren Umgebung von Bedeutung, bis es im endgültig >beerdigt< (zugeschüttet) wird (bis es in jüngster Zeit von der Archäologie entdeckt wurde).

Offenbar haben die weiteren Konflikte keine wirkliche Lösung gefunden. Was entsprechend erst nach Jahrhunderten die Begründung der >Zivilisation< stellte, waren die neuartigen Götzen-Kulte unter Führung der autokratischen Führung von >Priester*innen<, die ihre Herrschaft auf die von ihnen erfundenen Götzen stützten. Die historische Bedeutung dieser neuen Kulte besteht darin, dass sie nicht mehr auf einer Stammes- noch einer Clan-Angehörigkeit basierten. Sie sind im Eigentlichen Wirtschafts- und Produktions-Verbände und darin die Grundlage der urban-zivilisatorischen Kultur. Wo dann noch eine handfeste Organisation an Armee als Polizei und zwecks Kriegs hinzukommt, [73] sieht man in der bisherigen Auffassung den Beginn von >Geschichte< und >Hochkultur<. Und in der Tat vermochte man auch dieser Grundlage recht bald auch sehr hohe Pyramiden zu bauen.

Entsprechend ist auf jeden Fall allgemein bekannt, dass hier >Hochkultur< besteht. Jetzt müssen wir nur noch klären, worum es bei >Kultur< überhaupt geht.

Doch wäre in der Tat >Hochkultur< eine echte menschliche Möglichkeit. Schließlich ging es schon bei der humanevolutionären Entwicklung von Kultur nicht um eine Existenz als Jäger und Sammler. Das waren schon die Affen und nicht erst die.

Eine Kulturologie hat hier die entscheidende Funktion, die alte Tradition der immer noch bestehenden Kultur-Mythologie zu überwinden. Diese Überwindung ist die unabdingbare Grundlage für die Entwicklung von Kultur als Selbststeuerung und fähiger Sozialverhältnisse als der Alternative zu einem Aufkommen von Faschismus und/oder einem kulturellen Kollaps.

4.5.1 Kultur und das Kulturelle

In dem Bereich des Kulturellen wird die Geschichte von Notstands-Kultur und Macht besonders auffällig. Was hier gemeinhin mit „Kultur“ assoziiert wird, spiegelt im Grunde immer noch die letzte Stufe des Feudalismus seit dem Hochmittelalter (am „Hof“) wider: „Kultur“ ist etwas, das zur Sphäre der Oberschicht, der Elite und derer, die etwas auf sich halten oder >sein< wollen, gehört (von dort her >höflich<, *hübsch* aus >höfisch< usw.). Für das „gemeine Volk“ ist „Kultur“ unerheblich oder für

---

[73] S. dazu Näheres in meinen historisch orientierten Büchern (→ S. 185)

sie als Zuschauer und ggf. als Mitmacher zu Spektakeln, Shows, Mode, Spiel usw. zubereitet.

Als jemand, der auch mit Kunst befasst ist, könnte ich hier so einiges von den Konsequenzen dieser Situation dieser Auffassung im kulturellen Bereich ausführen. Dies liefe aber letztlich nicht darauf hinaus, dass Künstler zu wenig gefördert würden.

Das eigentliche Problem verknüpft sich mit dem Verständnis von >Kultur<. Es vergleicht sich damit, als meinte man, eine zu installierende Software wäre ein Bonus, der aber für den Betrieb des Computers verzichtbar sei. Oder es ginge bei dieser Software um eine Anwendungs-Software und ihr Beherrschen, nämlich um die Teilnahme am >Markt<.

Die eigentliche menschliche Dimension gerät hierbei gar nicht erst in das Blickfeld. Das ist noch immer die Notstands-Kultur, die mit dem Mesolithikum am Ende der Eiszeit aufkam, nur längst nicht mehr aufgrund gewaltiger Naturkatastrophen, sondern in der Tradierung der im Verlauf des Mesolithikums verinnerlichten Notstands-Kultur. Doch im Gegensatz zu den damit verbundenen Vorstellungen und Absichten werden mit diesem Notstands-Verhalten die Notstands-Probleme nicht gelöst, sondern vielmehr kultiviert und entwickelt.

Wirkliche Lösungsansätze und Fortschritte kamen immer von Ansätzen und Personen, wo noch ein entscheidendes Mehr an Verstehen von dem Eigentlichen von Kultur vorhanden war. Dies wird nun auch in seinen Gründen verständlich.

Was heute als das Entscheidende erscheint, ist, die kulturale Dimension und Anlage des Menschen und die damit verbundenen Funktionslogiken verstehen zu lernen. Hierbei ist eine Kulturologie von Bedeutung.

>Jeder Mensch ist ein Künstler<

Die künstlerische Anlage und Betätigung ist mit der humanevolutionären Ausbildung des >Menschen< auch schon vor *Homo sapiens* gleichzusetzen. Ganz in diesem Sinn ist der These >Jeder Mensch ist ein Künstler< von **Josef Beuys** [74] zuzustimmen. Freilich handelt es sich dabei nicht unbedingt um das, was im Deutschen inzwischen mit dem Begriff >Kunst< assoziiert ist: um die >Schönen Künste< als ursprünglich *ein* Bereich der Künste (wie z.B. auch *Heilkunst*), oft gar nur verstanden als die >Bildenden Künste< (Malerei und Plastizieren), wo früher zumindest noch Poesie, Musik usw. dazu gezählt wurde.

An dieser Stelle liegt das volle Recht der Ansätze von Josef Beuys, den Begriff Kunst aus der verselbständigten Engführung im Deutschen herauszuholen (der >erweiterte Kunstbegriff<) und wieder mit dem ursprünglichen Sachverhalt von Kreativität und Kultur in Verbindung zu bringen. Worum es bei >Kunst< in der humanevolutionären Entwicklung über den üblichen Spieltrieb der Säugetiere als Vorbereitung auf die Erwachsenen-Existenz hinaus geht, ist neben dem Erwerb der Selbststeuerung im Eigentlichen und Zentrum die >**Soziale Plastik**< (Beuys): [75] die *gekonnte* und lebendige Gestaltung des Beziehungs- und Soziallebens (als >Mensch Sein<): das also, was *Kultur* von der kulturalen Anlage des Menschen im Eigentlichen meint.

---

[74] s. dazu z.B. das Buch: Josef Beuys: Jeder Mensch ist ein Künstler – Auf dem Weg zur Freiheitsgestalt des sozialen Organismus

[75] s. dazu mehr: Wikipedia: *Soziale Plastik,* dort auch Literatur-Hinweise (6.3.19, 5:31)

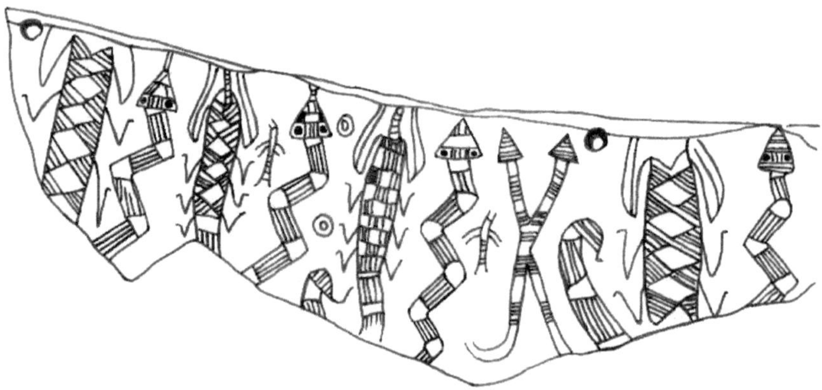

9500 – 8500 v. Chr.

„Vom Körtik Tepe stammen zahlreiche ritzverzierte Steingefäße. Ein Bruchstück [s.o.] zeigt Schlangen und Skorpione.“ Zitat und Nachzeichnung nach: Klaus Schmidt: Sie bauten die ersten Tempel, S. 188

Fotos und Zeit-Angabe in: Badisches Landesmuseum Karlsruhe: Vor 12.000 Jahren in Anatolien, S. 102, 303

Liste der zitierten Literatur

Saeculum Weltgeschichte, hg. von Herbert Franke u.a., Freiburg, Basel, Wien 1965

Badisches Landesmuseum Karlsruhe: Vor 12.000 Jahren in Anatolien: Die ältesten Monumente der Menschheit (Große Landesausstellung BW 2007), Stuttgart 2007

GEO Wissen: Die Evolution des Menschen. Wie wir wurden, was wir sind. Heft September 1998, Hamburg 1998

Emmanuel **Anati**: Höhlenmalerei, (1997), Düsseldorf 2002

Joachim **Bauer**: Prinzip Menschlichkeit. Warum wir von Natur aus kooperieren; (2006), TB: Wilhelm Heyne Verlag München, 2014 [7]

Manfred **Brauneck**: Theater im 20. Jahrhundert. Programmschriften, Stilperioden, Reformmodelle, Reinbek (1982), aktualisierte Ausgabe 1986, 1988

Emma **Brunner-Traut** (Hg.): Altägyptische Märchen (Diederichs Märchen der Weltliteratur), Reinbek 1991, 1993

Bill **Bryson**: Eine kurze Geschichte der alltäglichen Dinge, (Original London 2010) Goldmann Verlag München 2011

Göran **Burenhult** (Hg.): Illustrierte Geschichte der Menschheit, 5 Bände, (Hamburg) Augsburg 2000

Henning **Christoph**, Klaus E. **Müller** & Ute **Ritz-Müller**: Soul of Africa - Magie eines Kontinents, Köln 1999

Hoimar von **Ditfurth**: Der Geist fiel nicht vom Himmel. Die Evolution unseres Bewusstseins, (Hamburg) (Augsburg 1990)

Hoimar von **Ditfurth**: Im Anfang war der Wasserstoff (Hamburg 1972), München/Zürich 1975

Jeff **Doring** (Hg.): Gwion Gwion, Dulwan Mamaa - Geheime und heilige Pfade der Ngarinyin-Aborigines in Australien, Köln 2000

Mircea **Eliade**: Geschichte der religiösen Ideen, Freiburg, Basel, Wien, Band I: (1978). 1990[6], Band II 1979

Norbert **Elias**: Über den Prozess der Zivilisation. Soziogenetische und psychogenetische Untersuchungen, (1936; 2. Aufl. Bern 1969), 3. Auflage Frankfurt/M 1976

Erik H. **Erikson**: Identität und Lebenszyklus, Frankfurt/M 1966; 1973, 9. Aufl. 1985

Brian **Fagan**: Die Eiszeit. Leben und Überleben im letzten großen Klimawandel, Theiss Verlag Stuttgart, 2009

Edoardo **Fazzioli**: Gemalte Wörter. 214 chinesische Schriftzeichen – vom Bild zum Begriff, Wiesbaden 2003 (nach der 5. Auflage von 1991)

Hans **Findeisen**/ Heino **Gehrts**: Die Schamanen - Jagdhelfer und Ratgeber, Seelenfahrer, Künder und Heiler, München 1983, 4. Auflage 1996

Erving **Goffman**: Wir alle spielen Theater. Die Selbstdarstellung im Alltag. Piper München – Berlin 1969, TB 1983/2003, 16. Aufl. 2016

Daniel **Goleman**: Emotionale Intelligenz (Original New York 1995; dt. München – Wien 1995), dtv München 1997

Harald **Haarmann**: Weltgeschichte der Sprache. Von der Frühzeit des Menschen bis zur Gegenwart. Verlag C.H. Beck, München, 2006

Yuval Noah **Harari**: Eine kurze Geschichte der Menschheit, (München 2013, Original Israel 2011) Pantheon Verlag 2015[6]

Friedrich **Heiler**: Erscheinungsformen und Wesen der Religion, Stuttgart 1961, 2. verbesserte Auflage 1979

Mihály **Hoppál**: Schamanen und Schamanismus, Augsburg 1994

Gerald **Hüther**: Was wir sind und was wir sein könnten – Ein neurobiologischer Mutmacher, 2011; Fischer Taschenbuch 2013, 2017 [8]

Gerald **Hüther** & Christoph **Quarch**: Rettet das Spiel! Weil Leben mehr als Funktionieren ist. Carl Hanser Verlag München, 2016

Johan **Huizinga**: Homo Ludens. Vom Ursprung der Kultur im Spiel, Hamburg, (1956), 1981

Friedhart **Klix**, Erwachendes Denken, Geistige Leistungen aus evolutionspsychologischer Sicht, Heidelberg - Berlin - Oxford, 1993

Wighart von **Koenigswald** & Joachim **Hahn**: Jagdtiere und Jäger der Eiszeit, Fossilien und Bildwerke, Stuttgart 1981

Martin **Kuckenburg**: Wer sprach das erste Wort? Die Entstehung von Sprache und Schrift, Konrad Theiss Verlag Stuttgart 2004

Richard E. **Leakey** & Roger **Lewin**: Wie der Mensch zum Menschen wurde - Neue Erkenntnisse über den Ursprung und die Zukunft des Menschen, (Hamburg 1978), München 1985

Roger **Lewin**: Spuren der Menschwerdung. Die Evolution des Homo sapiens, Heidelberg 1992

Aljoscha **Long** & Ronald **Schweppe**: Praxisbuch NLP. Südwest-Verlag München 2014, 2. Auflage 2016

Helma **Marx**: Das Buch der Mythen (aller Zeiten aller Völker), Verlag Styria Graz, Wien, Köln & Eugen Diederichs Verlag München, 1999

John **McCrone**: Als der Affe sprechen lernte. Die Entwicklung des menschlichen Bewusstseins, Frankfurt/M 1992

Michael Lukas **Moeller**: Die Wahrheit beginnt zu zweit. rororo Reinbek 1992, 34. Auflage 2014

Michael Lukas **Moeller**: Die Liebe ist das Kind der Freiheit; rororo, Reinbek bei Hamburg, 1990, 16. Aufl. 2008 (Rowohlt 1986)

Horst M. **Müller**: Sprache und Evolution. Grundlagen der Evolution und Ansätze einer evolutionstheoretischen Sprachwissenschaft. Verlag de Gruyter Berlin – New York, 1990

Marshall B. **Rosenberg**: Gewaltfreie Kommunikation. Eine Sprache des Lebens, Junfermann-Verlag Paderborn, 2001, 8. Auflage 2009

Marshall B. **Rosenberg** & Gabriele **Seils**, Konflikte lösen durch Gewaltfreie Kommunikation – Ein Gespräch, Herder Verlag Freiburg, Basel, Wien 2004 (7. Auflage)

Oliver **Sacks**: Der Mann, der seine Frau mit einem Hut verwechselte, Rowohlt Taschenbuch Verlag, Reinbek bei Hamburg 1990 (1994) (Or. New York 1985)

Wolfgang **Schmidbauer**: Wie Gruppen uns verändern. Selbsterfahrung, Therapie und Supervision, Kösel-Verlag München, 1982

Klaus **Schmidt**: Sie bauten die ersten Tempel – Das rätselhafte Heiligtum am Göbekli Tepe, C.H. Beck (München 2006), 3., aktualisierte Auflage 2007 = Paperback 2016

Friedemann **Schrenk**: Die Frühzeit des Menschen. Der Weg zum Homo sapiens; München, Beck 2008

Friedemann **Schulz von Thun**: Miteinander reden, rororo Reinbek
Band 1: 1981, 52. Auflage 2015; Band 3: 1998, 25. Auflage 2016

Manfred **Spitzer**: Lernen. Gehirnforschung und die Schule des Lebens, Spektrum Akademischer Verlag Heidelberg – Berlin, (2002), korrigierter Nachdruck 2003

Gabriele **Uelsberg** & Stefan **Lötters**: Roots/Wurzeln der Menschheit, Mainz (Verlag Philipp von Zabern), 2006

Frank Robert **Vivelo**: Handbuch der Kulturanthropologie - Eine grundlegende Einführung, (Stuttgart 1981) München 1988

Literatur von Christoph W. Rosenthal

zu Humanevolution, Geschichte und Sprache

- Die Humanevolution war ganz anders – Eine überfällige Revision, Rediroma-Verlag Remscheid, 2018 (Version 1.1 März 2019)

- Die kopernikanische Wende unseres Weltgeschichts-Bildes, Rediroma-Verlag Remscheid, 2018 (Version 1.1 Januar 2021)

- Die Mesolithische Revolution – als die Begründung der historischen Entwicklung. Rediroma; Januar 2021

- Kulturologie - Die Wissenschaft bzgl. der Software-Struktur des Menschen (2021)

- Cûl Tura: Die Entzifferung und Rekonstruktion der ursprünglichen Sprache des Homo sapiens (April 2021)
  Band 1: Die ursprüngliche Sprache des Homo sapiens
  Band 2 a/b: Die eiszeitliche Sprache des Homo sapiens als Ursprung der Etymologie unserer Wörter

  Cûl Tura Überblicksfassung (408 Seiten) Mai 2021
  Cûl Tura Ultra-Kurzfassung (266 Seiten) Mai 2021

- Mebuntu: Die erste historische Sprachform (Juni 2021)

- Frau Holle und der Drache von Lascaux: Die eiszeitliche Symbolik und Kultur (im Licht der Rekonstruktion der eiszeitlichen Sprache des Homo sapiens) Juni oder Juli 2021

Weitere Veröffentlichungen in Vorbereitung.

Edition Neue Kultur

www.edition-neue -kultur.de

Materialien für die Wiederentwicklung von Kultur auf der Basis des heutigen kulturellen Potentials (wie etwa der Erfahrungen der Gewaltfreien Kommunikation),

- ein Label der

Werkstatt Neue Kultur

www.werkstatt-neue-kultur.net